江弱水 著

中西同步与位移

时代出版传媒股份有限公司
安徽教育出版社

图书在版编目(CIP)数据

中西同步与位移 / 江弱水著. —2 版. —合肥:安徽教育出版社
ISBN 978-7-5336-3446-9

Ⅰ.①中... Ⅱ.①江... Ⅲ.①诗人-评传-中国-现代
Ⅳ.①K825.6

中国版本图书馆 CIP 数据核字(2019)第 020151 号

中西同步与位移
ZHONG-XI TONGBU YU WEIYI

出 版 人:费世平
策划编辑:何 客 王玉凝
责任编辑:万直纯 何换生
助理编辑:赵佩娟
封扉设计:王莉娟
美术编辑:张鑫坤
技术编辑:陈善军

出版发行:时代出版传媒股份有限公司 安徽教育出版社
地 址:合肥市经开区繁华大道西路 398 号 邮编:230601
网 址:http://www.ahep.com.cn
营销电话:(0551)63683012,63683013
排 版:安徽时代华印出版服务有限责任公司
印 刷:安徽新华印刷股份有限公司

开 本:880×1230 1/32
印 张:7.5
字 数:162 千字
版 次:2020 年 8 月第 2 版 2020 年 8 月第 1 次印刷
定 价:48.00 元

(如发现印装质量问题,影响阅读,请与本社营销部联系调换)

目 录

引 言　　1

一　一种天教歌唱的鸟：徐志摩片论　　14

二　帝国的铿锵：从吉卜林到闻一多　　34

三　眼之魔法：超现实主义的戴望舒　　57

四　卞之琳与艾略特与瓦雷里　　77

五　异性情结与异国情调：论何其芳　　100

六　影响无焦虑：关于冯至《十四行集》　　121

七　伪奥登风与非中国性：重估穆旦　　138

八　商籁新声：现代汉诗的十四行体　　163

参考书目　　188

向百年新诗致敬　　195

后　记　　236

引 言

一

用十几年时间走过别人走了百多年的路,用几十年工夫做出别人数百年才完成的事,现代中国人常常乐于这样夸说。的确,后进国家的现代化过程,看起来就像是先进国家政治、经济、文化渐进的发展史的浓缩。在谈到日本现代文学的起源时,柄谷行人曾说,"现代"的性格在西方有一个长期发展成熟的过程,而在非西方的日本,"则是以极端短暂凝缩的形式,并且是与所有领域相关联的形式表露出来的"。[1] 作为建立现代国家的意识形态的工具,现代文学的历史形成和发展,一样是不断追赶(并企图超越)西方的结果。中国新诗发展史在这方面尤其具有典范的意义。本书讨论的几位中国现代诗人,从徐志摩(1897—1931)到穆旦(1918—1977),年龄相差二十一岁;而他们各自取法的西方诗人,从雪莱(Percy Bysshe Shelley,1792—1822)到奥登(Wystan Hugh Auden,1907—1973),这个数字是一百一十五岁。也就是说,当徐志摩写作的时候,雪莱已经死了一百年;而穆旦却算得上奥登的同时代人。就这样，从二十世纪二十年代至四十年代，中国现代诗歌史，浓缩了西方从浪漫主义、象征主义直至现代主义长达一个半世纪的发展过程。

中国新诗发展的核心问题，始终是中西诗学的融合。早在1923年，闻一多就非常明确地指出：

> 我总以为新诗径直是"新"的，不但新于中国固有的诗，而且新于西方固有的诗；换言之，他不要做纯粹的本地诗，但还要保存本地的色彩，他不要做纯粹的外洋诗，但又尽量地吸收外洋诗底长处；他要做中西艺术结婚后产生的宁馨儿。[2]

本书所论列的七位诗人，徐志摩、闻一多、戴望舒、卞之琳、何其芳、冯至与穆旦，正是通过中西艺术的结婚，成就了中国新诗首批最出色的产儿。从他们身上，可以清楚地看见西方诗歌实现其影响的全面和深刻。正如冯至晚年回顾时所总结的，这些影响体现在以下几个方面：

> 一，西方的诗歌从十八世纪后期到二十世纪三十年代约有一百五十年，这一百五十年内大部分重要的诗人和流派都在中国新诗三十年的过程中发生过影响，留下了痕迹，这些影响和痕迹是跟中国社会和政治的变化相关联的。二，有的诗人与西方诗人的思想感情有共鸣之处，从而进一步丰富了自己的精神世界。三，通过外国诗的借鉴，中国新诗在本国

诗歌传统的基础上丰富了不少新的意象，新的隐喻，新的句式，新的诗体。四，中国新诗人能直接读外国诗的只是一部分，有成就的诗人中通过译诗，或通过理论的介绍，间接受到外国诗影响的也不在少数……[3]

卞之琳也说过，对于中国新诗来说，"外来的影响是催化剂"；但是他认为五四以来"我国新诗受西方诗的影响，主要是间接的，就是通过翻译"，却未必准确。[4] 对于二流诗人，这么说是不错的；但是，本书论及的七位诗人，当属新诗前三十年的一流诗人，本身都是翻译家。[5] 这就是说，在"中西艺术结婚"的场合，他们交流的形式是直接的（无不是面对原文），联姻的对象是广泛的（涉及到英、法、德、西这四大语种），所以他们对西方诗歌的了解比一般人更成熟而又均衡。西方现代最重要的一些诗人，如波德莱尔（Charles Baudelaire）、瓦雷里（Paul Valéry）、里尔克（Rainer Maria Rilke）、叶芝（William Butler Yeats）、艾略特（Thomas Stearns Eliot）、洛尔迦（García Lorca）和奥登等等，主要是通过这些人的译笔而对中国新诗产生影响的。他们的译文，可以说，总是最好的译文。因此，由于创作与翻译并举，他们既是西方影响的接受者，也是这种影响的转加者。

由于西方诗歌的强有力的催化，短短三十年中，中国现代诗就从幼稚的初期白话诗，走进了这样一片令人"瞠目而视的天地"："一切进步了，我们感觉的样式愈加繁富了，我们心灵的活动愈加缜密了。"[6] 刚刚还是"两个黄蝴蝶，双双飞上天"，一转眼就已经有了这样柔韧而致密的诗行：

最好是让这口里塞满了沙泥,
如其它只会唱着个人的休戚!
最好是让这头颅给田鼠掘洞,
让这一团血肉也去喂着尸虫,
如果只是为了一杯酒,一本诗,
静夜里钟摆摇来的一片闲适,
就听不见了你们四邻的呻吟,
看不见寡妇孤儿抖颤的身影,
战壕里的痉挛,疯人咬着病榻,
和各种惨剧在生活的磨子下。

——闻一多《静夜》(1928)

与如此富于现代敏感（modern sensibility）的、令人耳目一新的诗句：

而这里，鲜红并寂静得
与你底嘴唇一样的枫林间……

——戴望舒《款步（二）》(1932)

忽听得一千重门外有自己的名字。
好累呀！我的盆舟没有人戏弄吗？
友人带来了雪意和五点钟。

——卞之琳《距离的组织》(1935)

过去的悲欢忽然在眼前
凝结成屹然不动的形体。
　　　　　——冯至《十四行集·之一》(1941)

呵,光,影,声,色,都已经赤裸,
痛苦着,等待伸入新的组合。
　　　　　——穆旦《春》(1942)

若论现代性(modernity)的深刻与精微,在中国新文学的所有文类中,要数新诗的表现最为突出,尽管其总体的成就也许比不上小说。仅仅在两代人中就完成了与西方诗潮的接轨与同步,这本身就表明中国文化具有了不起的转化与再生能力。

二

但是,一方面,中国新诗在短时间里实现了与西方诗潮的同步,另一方面,西方诗歌在实现其影响的同时,也自然而然地发生了位移。由于译者和作者的个性与气质不同,尤其是本身的审美心理倾向与传统文化积淀有别,西方诗歌虽然给中国诗人的心智活动与艺术手法造成了不同程度的改变,但是这种改变是有相当的选择性的。从观念到技巧,从语言到形式,从意象到主题,由原文而译文而作品,一路辗转,旅途中不可能不出现变形的现象。

"影响不创造任何东西,它只是唤醒。"[7] 安德列·纪德

（André Gide）的这句话道出了一个真理。两个绝对没有共同点的人不会彼此影响，影响能够实现，是因为受影响一方早就埋下了种因。中国新诗之所以很快就完成了现代性的转化，是因为新诗人所拥有的那个传统本身即富有可资转化的多重因素。我的意思是说，中国古典诗歌本身，至少其中的相当一部分，已经具备了现代主义诗歌表现形式及技巧的主要特质。换句话说，它本身已经极具"现代性"，因为"现代性"这一概念，非表时间，乃指性质。

从十九世纪八十年代开始，西方现代诗人致力于取消雄辩与宣传（法国象征主义），取消语言的叙述性与分析性（意象派），取消客观逻辑而代之以不连贯的内在心理逻辑（超现实主义），这一切构成了西方现代诗歌发展的大致方向。而与此相应的特征，我们完全可以从中国古典诗歌传统的某些组成部分里找到。自晚期杜甫起，唐之李贺、李商隐诗与温庭筠词，宋之江西一派诗法与姜张一派词法，以及受这些唐宋诗风与词风影响的明清作者，已经形成了一个有别于连贯叙述及说教倾向的独特传统。举例来说，杜甫晚期诗作平衡感性与智性，以超现实意象写现实，已逗出现代之先绪；李商隐的诗兼具象征性语言、超现实意象与意识流技法，与西方现代文学常相吻合；吴文英词则因晦涩的时空跳接与丰富的通感修辞，深有现代意味。他们彼此相应而又相承，已然构成了一个独立而延续的传统。何况在一般语言的层面，中国文言天然具有词法与句法的高度灵活，可以在成分省略与不拘时态的优势下，实现意象的直接呈现、情境的当下发生，并利用将不同时空界面的经验并置的手法，实现向心理逻辑的转换。这就是为什么中国古典诗作为异质的因子,对西方现代诗运动起到过催生作用的根本原因。

如果我们的研究深入一点,就可以肯定,中国古典诗歌已经部分地具有某种历久弥新的现代性特质,而且这些特质已经内化为我们自身固有的诗学传统,它们与西方现代诗形成了合力,从而对现代中国诗歌的写作产生了影响,并使之实现创造性的转换。否则我们怎么来解释卞之琳说的,他一接触到法国象征主义诗歌,就觉得"一见如故"?又怎么来解释王佐良说的,在有素养的中国诗人眼里,西方现代主义诗歌并没有什么特别值得惊奇的东西,"他们认为自己古代的大师们早就以更经济的方式做出了相似的效果"?[8] 当李商隐写道——

> 歌唇一世衔雨看,
> 可惜馨香手中故。

难道仅仅因为其写作时代距今甚远,我们就否定这是极具现代敏感的绝妙好诗么?

本书论述的重心是西方诗歌对中国诗人的影响,但是,我国固有的诗歌传统怎样对这一影响微妙地加以引导、牵制、修正,在具体的分析中也还随处可见。比如,第一章关于徐志摩的个案分析,就集中地反映出新诗人是如何在中西两套文本的压力下进行写作,以及这两套文本是怎样的相互覆盖,而诗人又怎样再加以选择和调校的。

一个民族审美心理和语言感觉上的种种深隐微妙之处,决定了对外来文化吸收的倾向性。日本与中国的古代诗歌算是亲缘关系很近了，汉诗里大量的意象和主题都曾进入了和歌或俳句，但是松浦友久的研究表明，像"断肠"与"蛾眉"之类的形容，始终被日本诗语所排斥，因为不合日本式的抒情感性。[9] 有人说："绝大多数论者都认为应该择取西方文化中与中国文化和中国现实相适应的成分，才有价值……我倒恰恰认为中国人应该充分体验和理解（当然不是全盘接受）西方文化中与中国文化从本质上说根本不同或差别很大的一些东西。"[10] 括号里的补充是很有必要的，因为异质的文化成分，我们应该体验和理解，但不一定就得择取和接受。本书第七章批评了穆旦仿效英语诗歌习惯而一再使用抽象词的拟人法（personification），正是基于这一适应性原则做出的判断。而第八章讨论中国现代十四行诗，也能够证明，一旦某种异域的诗歌形式与我们民族深层的心理结构相符合，就会多么迅速地在新的语言中发挥其潜在的丰富能量。

三

一直以来，中国现代文化总是困扰着一个身份问题，或者说认同问题，而且总是脱离不了中国与西方对立、传统与现代对立的框架。其实，至少在诗的领域，传统的中国与现代的西方何尝绝对不相容？横的移植与纵的继承之间何必要做非此即彼的选择？

中国现代诗应该是中与西、纵与横的多元的融合。向西方学习不是万能的，有时结果会很糟糕，就像本书讨论闻一多时所揭示的某些事实那样；但是不向西方学习是万万不能的，因为结果会更糟糕，最后恐怕连一只鸟都写不好，本书关于徐志摩的分析可能会让我们想到这一层。这是问题的一个方面。另一个方面，如果不有意识地汲取古典的养分，也不可能成就一位真正出色的诗人。有关冯至和穆旦的两章，都将谈到他们大量挪用西方诗人的意象甚至成句，但我的评价却是区别对待：冯至不失为创造性的融合，而穆旦只是文学青年式的照搬。为什么呢？因为前者是中西多重资源的主动占有者，称得上转益多师；后者的来源则过于单一，竟将自己的成就建立在对古典传统"彻底的无知"上。

　　无知是否能够成为写作上的优势？有一种理论也许会支持这一说法，但我想真正的诗人不可能因无知而有成。瓦格纳（R. G. Wagner）认为，中国当代作家既对外国文学缺乏了解，也不通中国经典，这大大限制了他们的成就。[11]尽管今天的诗人会神闲气定地为此做出辩护，并指斥这都是些西方汉学家的抱残守缺之见，但我觉得，他说得没错。打一个比方说，一首现代汉诗的写作就像调制一杯鸡尾酒，龙舌兰酒也好，杜松子酒、苦艾酒也好，白兰地、威士忌、伏特加也好，你得先有几种不同的烈性酒，再加一些柠檬汁、橙汁或酸梅汁之类的混合，不能老是兑苏打水。老是拿苏打水来兑一种酒精，是不成其为鸡尾酒的。我对穆旦"非中国性"的批评，就是因为他在诗学资源上独沽一味，只拿一点奥登的酒精，就去做调酒师了。

　　我无意于用一个虚构的"中国性"来对现代诗进行价值判断，认为有了它便好，没有它就绝对不行。对中国现代诗中古典传统的缺失所抱的忧虑，大抵上都属于这样的感慨：一杯酒，本来可以味道更醇厚，却因为自绝于丰富的调和而如此浇薄。一首诗呢，中国风,西洋味,现代感,书卷气,有什么都好,而最好是什么都有。

"中西艺术结婚"意味着既要做横的移植,也要做纵的继承。纯粹从语言技术的观点来看,正如良性的欧化是增进现代汉语韧性和密度的手段,我认为,恰当的古化也具有提高现代汉诗历史的血色素的功效:

> 在很多时候,文言句式的遒劲,文言词藻的凝重,会给一首现代诗带来某种异质性,使之呈现为多层次多元素的奇妙混合。即使不考虑如何丰富诗篇的内在基质,它们也可以调节语言的速度,造成节奏的变化,以拗救清一色"现代汉语"的率易平滑。[12]

在这一方面,本书所讨论的现代诗人绝大多数都做得相当好。在他们的写作中,援引古典诗学资源是再自然不过的事了,新诗草创时期与旧诗的尖锐对立在他们身上已不复见,而今天的诗人普遍存在的文化焦虑对于他们似乎也不成问题。

今天的诗人一想到文学传统和文化身份,不是心虚,就是心烦。但这个问题又实在绕不开,于是有人就想一劳永逸地把它解决掉。或者认为,一首诗只要是用现代汉语写成,便足以证明它的中国身份。[13] 或者认为,只要是个中国人,说着中国话,传统就会天然地生发,像血液一样流淌在身上。[14] 我很怀疑,一种文化传统居然能够这样地得来全不费工夫,一种文化身份只须先天的坐享而不必后天的习得。这种生物学意义上而非精神现象学意义上的传统和身份,还有什么必要去认真对待呢?

中国新诗是不是已经形成了一个独立的、连续的、富于生命力、趋于经典化的传统?答案是肯定的。但是,肯定这一点并不等于说我们在古典和西方两大传统之外别立新宗,尽管新诗最初是以与旧诗决裂的姿态出现于世的,新诗的传统仍然是整个中国诗歌传统在现代的延续,是这个大传统内部的小传统。这个情形,与古体诗、近体诗、词和曲的各别的发展相对于整个中国诗的发展是一样的关系。《诗经》有《诗经》的传统,《楚辞》有《楚辞》的传统,乐府自成乐府的传统,唐诗、宋词也各具相对独立的传统,而新诗的传统是中国诗歌这一伟大传统最晚近的转型。现代汉语取代古代汉语,毕竟不是一种新的语言体系取代旧的语言体系,所以新诗的传统并不能自足、自为。文言与白话的差异,显然没有希腊文、拉丁文与英文、法文之间的那么大,但是,一个西方诗人会毫不迟疑地视荷马与维吉尔为他们自己的传统。那么,我们有什么理由说屈原和杜甫已经与我们远离?考虑到现代性焦虑的集体话语已经导致今日中国的诗人和艺术家纷纷把自己的经验从本土剥离出来,而向西方的表达方式完全敞开,在这本主要谈论中国新诗如何受益于西方影响的书前面,我想重申古典传统对于我们的意义。

注 释

[1] 柄谷行人:《日本现代文学的起源》,赵京华译,生活·读书·新知三联书店,2003年,第219页。

〔2〕闻一多:《〈女神〉之地方色彩》,《闻一多全集》第二卷,湖北人民出版社,1993年,第118页。

〔3〕冯至:《中国新诗和外国的影响》,《冯至全集》第五卷,河北教育出版社,1999年,第182页。

〔4〕卞之琳:《新诗和西方诗》,《卞之琳文集》中卷,安徽教育出版社,2002年,第499页、第503页。

〔5〕早期的何其芳也许是个例外,但是他晚年也还是翻译了大量德语诗歌。

〔6〕李健吾:《〈鱼目集〉——卞之琳先生作》,《李健吾文学评论选》,宁夏人民出版社,1983年,第87页。

〔7〕纪德:《文学上的影响》,《纪德文集》文论卷,桂裕芳等译,花城出版社,2001年,第357页。

〔8〕王佐良:《中国的现代主义诗歌》,《论契合:比较文学研究集》,外语教学与研究出版社,1985年,第88页。

〔9〕松浦友久:《日中诗歌比较丛稿:从〈万叶集〉的书名谈起》,加藤阿幸、陆庆和译,民族出版社,2002年,第63—67页。

〔10〕王攸欣:《选择·接受与疏离——王国维接受叔本华、朱光潜接受克罗齐美学比较研究》,生活·读书·新知三联书店,1999年,第285页。

〔11〕见茉莉对海德堡大学汉学系瓦格纳教授的专访:《中国作家能得诺贝尔文学奖吗》,台北《当代》第一百四十期(1999年4月1日),第4—9页。

〔12〕江弱水:《硬语盘空,又何妨软语商量?》,《读书》,1999年第9期,第142页。

〔13〕奚密:《现代汉诗的文化政治》,见《学术思想评论》第五辑,辽宁大学出版社,1999年,第13期。

〔14〕韩东:《从我的阅读开始》,见万之编:《沟通:面对世界的中国文学(中国作家研讨会文集)》,瑞典乌拉夫·帕尔梅国际中心,1997年,第36页。

一　一种天教歌唱的鸟：徐志摩片论

1923年5月，在一次题为《诗人与诗》的演讲中，徐志摩说道：

> 诗人究竟是什么东西？这句话急切也答不上来。诗人中最好的榜样：我最爱中国的李太白，外国的Shelley。他们生平的历史就是一首极好的长诗；所以诗人虽然没有创造他们的作品，也还能够成其为诗人。我们至少要承认：诗人是天生的而非人为的（poet is born not made），所以真的诗人极少极少。[1]

徐志摩是典型的浪漫主义诗人，而文学上的浪漫主义者是崇尚天才与创造的。从"诗人是天生的而非人为的"天才论，自然可以推导出"诗是天赐的而非人造的"创造论。但问题是，将一首诗的生成归结于灵感之类非创作者自身所能解释、所能控制的因素，而不是从诗的文本之间相互关系的角度来考察其由来，正是浪漫主义的诗的发生学在现代备受讥议与冷落的原因。

徐志摩有时候相信自己是天才，"生命受了一种伟大力量的震撼，什么半成熟的未成熟的意念都在指顾间散作缤纷的花雨"；有时候又怀疑自己的天才已经枯竭，"从一点意思的晃动到一篇诗的完成，这中间几乎没有一次不经过唐僧取经似的苦难的"。[2] 其实，无论他的创造力是丰沛还是衰退，写得是轻松还是艰难，他的写作都是应付了诸多压力的结果。这压力来自现成的诗的文本，西方的，古典的，种种。甚至我们可以说，天才的创造根本就是幻觉，一个诗人的写作，与其说是由天启或神谕操纵，还不如说受以往时代的相关文本控制。从某种程度上说，不是诗人在写诗，而是从前的诗在写。

一

1929年4月，徐志摩写过一首《杜鹃》，先是刊载在《新月》月刊第二卷第三号上，后亦收入《猛虎集》：

> 杜鹃，多情的鸟，他终宵唱：
> 在夏荫深处，仰望着流云
> 飞蛾似围绕亮月的明灯，
> 星光疏散如海滨的渔火，
> 甜美的夜在露湛里休憩，
> 他唱，他唱一声"割麦插禾"，——
> 农夫们在天放晓时惊起。
>
> 多情的鹃鸟，他终宵声诉，

> 是怨，是慕，他心头满是爱，
> 满是苦，化成缠绵的新歌，
> 柔情在静夜的怀中颤动；
> 他唱，口滴着鲜血，斑斑的，
> 染红露盈盈的草尖，晨光
> 轻摇着园林的迷梦；他叫，
> 他叫，他叫一声"我爱哥哥！"

可以肯定的是，这首诗绝非佳作。但是，它的失败来得很不寻常。某些意象不统一（有关"海滨的渔火"跟"农夫们"的联想都毫无逻辑），音律很混乱（上一节似乎在以 ABCBC 的韵式押韵，下一节却完全放弃了韵脚），这都还是次要问题。主要问题是，诗人曲意弥缝有关主题的多重想象性资源，结果进退失据，成了不中不西、不古不今的话语拼盘。

对于杜鹃鸟，中国人自有特定的联想。杜鹃鸣于春夏之际，一般隐匿于繁柯密叶间，彻夜不停啼鸣，诚可谓"终宵唱""在夏荫深处"；其口腔上皮和舌部均为红色，古人又由此误以为它果真啼得"口滴着鲜血"。不仅如此，关于杜鹃，还有一个美丽凄怨的古传说。《文选》卷四左太冲《三都赋·蜀都赋》云："鸟生杜宇之魄。"李善注引《蜀记》曰："昔有人姓杜名宇，王蜀，号曰望帝。宇死，俗说云宇化为子规。子规，鸟名。蜀人闻子规鸣，皆曰望帝也。"因此，杜鹃的啼声又被后人解读为"不如归去"的思归之音。如李白诗云："蜀国曾闻子规鸟，宣城又见杜鹃花。一叫一回肠一断，三春三月忆三巴。"

但杜鹃俗称布谷,后者则又完全是另一套符号系统。因其鸣适在播种之时,故布谷象声的名字从来都被读成催耕的号令。蔡襄诗云:"布谷声中雨满犁,催耕不独野人知。"陆游诗云:"时令过清明,朝朝布谷鸣。但令春促驾,那为国催耕。"可见,虽然是同一种鸟,农人眼里的"布谷",与文人心中的"杜鹃"却判然有别,被当作两个语码而编入不同的意义序列中,千百年来,各不相犯。

徐志摩这首《杜鹃》犯下的第一个错误,就是硬生生将催耕的"割麦插禾"与啼血的"我爱哥哥"捏合到一块儿,造成情调上的格格不入。这可不是现代主义诗人所强调的异质经验的强行结合,不是T.S.艾略特所称道的那种玄学派诗人的心智,能够将斯宾诺莎与打字机的声音及厨房的气味联系而成为新的整体。[3] 徐志摩的做法毋宁说是感受力的涣散,使得一曲非功利性的绵绵情歌里插入了一段对于忙碌工蜂的敬业精神的大力表彰。对于熟悉中国古典诗歌稳定的象征体系的读者而言,这样无意的疏忽不啻冒犯。

另外一个错误却显然是有意的了。关于杜鹃,其题中应有之义,乃是"不如归去"的思乡。虽然李商隐诗云"望帝春心托杜鹃",但这个"春心"出典应是《楚辞·招魂》的"目极千里兮伤春心,魂兮归来哀江南",还是跟归思相关,而与爱情无涉。这一点徐志摩不会不清楚,因为早在杭州念中学时,他为一个早逝的同学所作的挽辞,就说:"有志未成,年少遽醒蝴蝶梦;欲归不得,夜深怕听杜鹃啼。"(《挽李斡人》)但在这首《杜鹃》里,故乡的归思却被他置换以爱情的泣诉。何以如此?因为诗人所援引的想象与情感资源,已然是中国古典诗词与西方传统文学的奇妙混合。

有趣的是,在情感价值上,与中文的"布谷"大致对等的,是英文的 cuckoo,而与"杜鹃"对等的却是夜莺(nightingale)。cuckoo 如布谷同为象声词,西方人也视之为报春鸟,其鸣声之早迟被认为与当年收成之丰歉密切相关。华兹华斯《致布谷》诗云:"三倍地欢迎你,春天的娇宠!/尽管你在我的心目中/不是鸟儿,而是无形的东西,/是个声音,是个神秘。"但可以肯定,在西方文学中的爱情的场合,这个神秘的声音不会出现,出现的总是一只伏身在带刺的花枝上披沥心血的夜莺。从莎士比亚的诗《乐曲杂咏》(*Sonnets to Sundry Notes of Music*),到奥斯卡·王尔德的童话《夜莺与玫瑰》(*The Nightingale and the Rose*),无不如此。

徐志摩当然熟悉这个符号。《杜鹃》这首诗后来被收入《猛虎集》,他在 1931 年 8 月 23 日为这个集子所写的序中,就清楚地表明了这一点:

> 我只要你们记得有一种天教歌唱的鸟不到呕血不住口,它的歌里有它独自知道的别一个世界的愉快,也有它独自知道的悲哀与伤痛的鲜明;诗人也是一种痴鸟,他把他的柔软的心窝紧抵着蔷薇的花刺,口里不住的唱着星月的光辉与人类的希望,非到他的心血滴出来把白花染成大红他不住口。他的痛苦与快乐是浑成的一片。[4]

而相似的话,徐志摩早在 1924 年底所写的长文《济慈的夜莺歌》

里也已说过：

> 除非你亲耳听过，你不容易相信树林里有一类发痴的鸟，天晚了才开口唱，在黑暗里倾吐他的妙乐，愈唱愈有劲，往往直唱到天亮，连真的心血都跟着歌声从她的血管里呕出。[5]

看来，由于杜鹃（子规）与夜莺的"家族相像"，徐志摩潜意识里已经将二者混同为一，以至于作为诗人的象征，可以随意互换。比介绍济慈的《夜莺歌》早一点点，他译介了波德莱尔的《死尸》，并在说明文字中写道：

> 他不是夜鸮；更不是云雀；他的像是一只受伤的子规鲜血呕尽后的余音，他的栖息处却不是青林，更不是幽谷；他像是……[6]

用西方的夜莺自喻，却以中国的杜鹃来比喻波德莱尔，可见徐志摩全不把二者的地域文化特征放在心上。那么，《杜鹃》一诗以喻指本来所没有的爱情的泣诉，覆盖掉有着固定指向的故乡的归思，又有什么值得奇怪呢？

但是，细细审视徐志摩《杜鹃》里的描写，以及别处有关夜莺的陈述，我们可以断定，横亘在他心中的，还是一篇济慈的《夜莺歌》。"在夏荫深处"；"甜美的夜在露湛里休憩"；"在黑暗里倾吐他的妙乐"；"……栖息处却不是青林，更不是幽谷"；"它的歌里有它独自知道的别一个世界的愉快"，这些语句，都可以在济

一　一种天教歌唱的鸟：徐志摩片论

慈的诗里找到出处。

回到《杜鹃》一诗上来。尽管我们觉得这一小小的文本里，不同的文化脉络胶葛在一起，乱局已定，但是作者试图对固有的诗意空间加以拓宽和改造的努力还是显而易见的。他甚至仿拟古人的象声读法，将杜鹃的哀鸣也读成了四个字音："我爱哥哥"。载于典籍以及流传民间的有关杜鹃/布谷的叫声有很多旧读，如"郭公郭公""割麦插禾""光棍扛锄""脱却布裤"等等，"我爱哥哥"读音差近，实在是别出心裁。

当然，"我爱哥哥"再次表现出徐志摩一贯的作风，这就是，他总是那么严肃认真地滥情，甚至肉麻。也许是过于投入自己所营造的气氛里去了，他在行文上缺少起码的检点。照常理说，"我爱哥哥"只能出于"她"之口，可是通篇给夜莺的代词却是"他"，结果这首诗竟成了同性之爱的颂歌！[7]

我想这不会是诗人的原意。但是，徐志摩的文思经常放野马，不耐细品，比如他的《济慈的夜莺歌》，原诗第六节的散文译述，同样犯了人称代词错乱的毛病：

> 但是我一面正在猜测着这青林里的这样那样，夜莺他还是不歇的唱着，这回唱得更浓更烈了。（先前只像荷池里的雨声，调虽急，韵节还是很匀净的；现在竟像是大块的骤雨落在盛开的丁香林中，这白英在狂颤中缤纷的堕地，雨中的一阵香雨，声调急促极了）所以他竟想在这极乐中静静的解化，平安的死去，所以他竟与无痛苦的解脱发生了恋爱，昏昏的随口编着钟爱的名字唱着赞美他，要他领了他永别这生的世

界，投入永生的世界。这死所以不仅不是痛苦，真是最高的幸福，不仅不是不幸，并且是一个极大的奢侈；不仅不是消极的寂灭，这正是真生命的实现。在这青林中，在这半夜里，在这美妙的歌声里，轻轻的挑破了生命的水泡，阿，去吧！同时你在歌声中倾吐了你的内蕴的灵性，放胆的尽性的狂歌好像你在这黑暗里看出比光明更光明的光明，在你的叶荫中实现了比快乐更快乐的快乐：——我即使死了，你还是继续的唱着，直唱到我听不着，变成了土，你还是永远的唱着。[8]

徐志摩对济慈十分崇拜，也相当熟悉。他的第二个诗集《翡冷翠的一夜》的代序就引过济慈的有关写诗的经验谈："'如其诗句的来'，诗人济慈说：'不像是叶子那么长上树枝，那还不如不来的好。'"[9] 可是，他天花乱坠的说辞掩饰不了一个事实，即卞之琳说的，徐志摩的诗歌写作，"由于气质不同，却不可能走济慈的精致路数"。[10]

二

徐志摩的气质更接近雪莱。就拿鸟类作譬。众所周知，夜莺、云雀、杜鹃/布谷，三者已成为十九世纪英国浪漫派的家禽。华兹华斯平实而情系大地，风格近似布谷；济慈忧郁而意耽唯美，身份好比夜莺；雪莱则明亮而心存高远，非云雀无以比拟。一直"想飞"的徐志摩，自称"我最爱中国的李太白，外国的Shelley"，所以不可能不写到云雀。果然，《猛虎集》中，紧接在《杜鹃》之

后的，就是一首《黄鹂》（原载《新月》月刊第二卷第十二号），又分明是雪莱《致云雀》简缩本的中文版：[11]

> 一掠颜色飞上了树。
> "看，一只黄鹂！"有人说。
> 翘着尾尖，它不作声，
> 艳异照亮了浓密——
> 像是春光，火焰，像是热情。
>
> 等候它唱，我们静着望，
> 怕惊了它。但它一展翅，
> 冲破浓密，化一朵彩云；
> 它飞了，不见了，没了——
> 像是春光，火焰，像是热情。

不同于夜莺和杜鹃喜欢藏在叶荫间，黄鹂（又叫黄莺）属于树冠上层活动的鸟类，从有关它的名句即可想见，如"杂花生树，群莺乱飞"，"几处早莺争暖树"，等等。它叫声响亮而富有变化，所以杜诗云"隔叶黄鹂空好音"，"自在娇莺恰恰啼"。它身体鲜黄，两翼深黑，堪称"艳异"，可是它呈波状的飞行动作非常迅疾，看去真只是"一掠颜色"。徐志摩此诗，尽管着墨不多，体物却很工切。

但是，浪漫派的鸟儿不可能只是鸟儿。华兹华斯《致布谷》诗一开头就说："我该叫你鸟儿/或是一个游荡的声音？"雪莱的

《致云雀》讲法更干脆：

> 你好，欢乐的精灵！
> 　你从来不是飞鸟，
> 从天堂或天堂附近
> 　你倾诉整个的心
> 用那么自然而丰富的曲调。
>
> 你从大地跃升，
> 　向上呵，不断向上
> 就像是一朵火云，
> 　飞过蓝色的天心，
> 在歌唱中翱翔，翱翔中歌唱。

徐志摩的黄鹂也不是鸟儿，而"像是春光，火焰，像是热情"。这简直就是雪莱《致云雀》的结论。细细对照两个文本，只见《黄鹂》处处打上了《致云雀》的印记：一"掠"而起（spring），"展翅"高飞（wing），"化一朵彩云"，"像是……火焰"（like a cloud of fire），"飞了，不见了，没了"（thou art unseen），等等。[12]

论者都说徐志摩是中国的雪莱，但是前者究竟在哪些具体的论述上受到来自后者的影响，还缺乏确切的指证。事实上，两人的联系比我们预想的可能还要密切。读徐志摩论诗的话语，经常让人有似曾相识之感，原来答案都在雪莱的名作《为诗辩护》（*A*

Defence of Poetry）里。

不妨看徐志摩自述写诗过程的几段话：

> 在二十四岁以前，诗，不论新旧，于我是完全没有相干。我这样一个人如果真会成功一个诗人——那还有什么话说？
> 但生命的把戏是不可思议的！我们都是受支配的善良的生灵，那件事我们作得了主？整十年前我吹着了一阵奇异的风，也许照着了什么奇异的月色，从此起我的思想就倾向于分行的抒写。
> ……我也时常疑虑到我这些写诗的日子也是什么神道因为怜悯我的愚蠢暂时借给我享用的非分的奢侈。[13]

这"一阵奇异的风"，正是从雪莱那里吹过来的：

> 人是一个工具，一连串外来和内在的印象掠过它，有如一阵阵不断变化的风，掠过埃奥利亚的竖琴，吹动琴弦，奏出不断变化的曲调。[14]

就连这个"埃奥利亚的竖琴"的希腊神话典故，徐志摩也没有忘。在《波特莱的散文诗》一文中，徐志摩写道，诗人抒写性灵：

> ……是艺人们，不论用的是哪一种工具，最愉快亦最艰苦的工作。想像一支伊和灵弦琴（The Harp Aeolian）在松风中感受万籁的呼吸，同时也从自身灵敏的紧张上散发着不容

模拟的妙音!

风吹弦琴的意象,如此牢固地占据了徐志摩关于诗人的想象。而他另一个常用的诗人的象征,即前文三度出现"天教歌唱"的鸟,也直接出自雪莱:

> 诗人是一只夜莺,栖息在黑暗中,用美妙的歌喉唱歌来慰藉自己的寂寞。[15]

徐志摩的短文《征译诗启》(1924),不点名地引用了雪莱《为诗辩护》里的定义:"诗是最高尚最愉快的心灵经历了最愉快最高尚的俄顷所遗留的痕迹。"[16] 他的诗思和诗艺,诚如卞之琳一针见血所指出的,"几乎没有越出过十九世纪英国浪漫派雷池一步"[17]。而其中最能引起他共鸣的,便是雪莱。据卞之琳回忆,1931年在北京大学的英诗课上:

> 他给我们在课堂上讲英国浪漫派诗,特别是讲雪莱,眼睛朝着窗外,或者对着天花板,实在是自己在作诗,天马行空,天花乱坠,大概雪莱就是化在这一片空气里了。[18]

讲别人的诗"实在是自己在作诗",这弊病在徐志摩用散文译述济慈的《夜莺歌》时已经表露无遗。以徐志摩"感情之浮,思想之杂",他对英国十九世纪浪漫派的诗学的领会也不具学理上的清晰性,往往掇拾一二意象与观念,就抱持终生。但归根结底,他的诗的发生学,往往归因于玄秘的不可究诘的灵感之上,这正是雪莱所秉承的西方诗学一个源远流长的观念系列的余绪。[19] 在雪莱看来,诗人在不由自主的灵感冲动下创作了诗篇;灵感之来,其崇高和愉悦简直无法形容;天才的特征就是其行为的无意识。《猛虎集序》里的那奇异的风月与神道的假借,都分明见出徐志摩的有关诗的申说,全都是雪莱《为诗辩护》的学舌。

在政治思想上,徐志摩也具有雪莱式的热心,并且非常接近后者的社会主义倾向。时代是黑暗的,现实充斥着不公正,但大自然还未被玷污,聊可隐遁。在大自然美好的形象中,又喻示着一个清新而和谐的世界秩序终将到来,诗人就是这个新世界的预言家,他的歌声为不幸的人们提供抚慰,并唤醒了他们沉睡的理想,将他们引领到对未来的憧憬之中。正是从这个意义上,徐志摩才像雪莱一样理解了诗的功能,以及诗人的职责:"一种天教歌唱的鸟。"它向痛苦的心灵倾泻音乐的甘霖,为麻痹的心智传递天启的真理,而它的歌声,就是对人类的爱和同情。这声音时而高亢激越,有如云雀:

> 你是高高在上的云雀天鹨,
> 纵横四海不问古今春秋,
> 散布着希世的音乐锦绣;
>
> ——《草上的露珠儿》(1921)

时而幽怨悲切,好似夜莺:

> 难忘榆荫中深宵清啭的诗禽,
> 一腔情热,教玫瑰嚼泪点首,
> 满天星环舞幽吟,款住远近
> 浪漫的梦魂,深深迷恋香境;
>
> ——《康桥再会吧》(1922)

有些时候,痛苦与欢乐兼而有之,则浑然不辨其为夜莺还是云雀了:

> 我拜献,拜献我胸胁间的热,
> 管里的血,灵性里的光明;
> 我的诗歌——在歌声嘹亮的一俄顷,
> 天外的云彩为你们织造快乐,
> 　　起一座虹桥,
> 指点着永恒的逍遥,
> 在嘹亮的歌声里消纳了无穷的苦厄!
>
> ——《拜献》(1929)

就这样,英国浪漫派的伟大的诗禽系列又蕃衍出最后的孑遗,在整整一百年后,在东方,人们再一次听到了那熟悉的歌声。

三

值得注意的是,尽管我们清楚了徐志摩的隐含文本是济慈的

《夜莺歌》与雪莱的《致云雀》，但他的诗禽仍然是以杜鹃与黄鹂的形象出现的。从消极的意义上说，这是一种妥协；从积极的意义上说，这未尝不是一种创造性的转化。

今天的读者已经难于理解二十年代中国新诗人的窘境。白话诗刚刚从初生时对自然、青春、爱等等新奇的感觉和直露的告白中醒来，发现自己仍然处在传统文本的巨大压力之下，重新落入由文本衍生文本的文学游戏。而且，现在的情况已经不是在一个单纯而稳定的符号系统中参酌变化就可以的了，新诗必须做"中西艺术结婚的宁馨儿"，于是诗人不得不周旋在古典和西方两大传统之间，不求与两者合而不能不合，不求与两者异而不能不异，折中调和，煞费周章。

比起援西入中来，援古入今的难度更大。如何对待旧诗的遗产，如何不让新诗成为无本之木与无源之水，徐志摩的新月旧友叶公超曾经有过非常精到的阐述。他是 T. S. 艾略特的诗歌及理论在中国最早的知音，深谙《传统与个人的才能》（*Tradition and the Individual Talent*）里的重要观点，所以能讲出如此富有历史意识的话来：

> 虽然新诗与旧诗有显然的差别，但是我们最后的希望还是要在以往整个中国诗之外加上一点我们这个时代的声音，使以往的一切又非从新配合一次不可。假使文学里也要一个真正的民族主义，这就是。诗人必须深刻地感觉以往主要的潮流，必须明了他本国的心灵。如果他是有觉悟的人，他一定会感到这个心灵比他自己私人的更重要几倍；它是会变化

的，而这种变化就是一种发展。这种发展是精练的，错综的；以往的伟大的作家的心灵都应当作新诗人的心灵中存留着，生活着。旧诗的情境，咏物寄托，甚至于唱和赠答，都可以变态的重现于新诗里。[20]

以上分析的徐志摩的两首诗，恰好说明这意见的正确："旧诗的情境，咏物寄托，甚至于唱和赠答，都可以变态的重现于新诗里。"拿英国浪漫派诗人笔下投注了强烈主观色彩的夜莺与云雀，来复写中国古典诗词里虽有所"寄托"却仍是被当作客体的"物"来"咏"的杜鹃和黄鹂，这种写作策略是很有价值的冒险。我国旧日的咏物诗，一定要在准确的细节与具体的经验基础上，再生发出精神的东西，不可一味凿空。然而正如有人指出的："准确论者或具体论者可能是雪莱最有力的敌人，因为雪莱诗歌中一切有生命力的东西都有意地偏离了经验的细节。"[21] 这样一来，异质文化的介入导致了"变态"，也就在固有的中国诗之外加上一点新的声音，使以往的一切又"重新配合一次"。关键的是，这一套总要来得高明些才是，得顺着固有的文化脉络而引入新的元素，不能生硬，不可粗糙。

回头检点徐志摩留下来的新诗遗产，就会发现，由于英国浪漫派诗人这一百年来整体上评价的低迷，徐志摩作品中受其影响的成分并不能使他收获更多的赞美，反而是其中的古典因素，造成了他的诗在读者接受方面上的成功。比如这首最惹人喜爱的《沙扬娜拉——赠日本女郎》，古典情韵与异域情调结合得相当好：

最是那一低头的温柔,
　像一朵水莲花不胜凉风的娇羞,
道一声珍重,道一声珍重,
　那一声珍重里有蜜甜的忧愁——
　沙扬娜拉!

骨子里是苏曼殊一样的哀婉艳情,可以随手改写成音律稍茸的绝句:"最是温柔一低头,凉风不胜水莲羞。一声珍重殷勤道,贻我心头蜜样愁。"又比如名篇《再别康桥》,其辞藻、句格、声调、意境,都有点像是宋词:

那榆阴下的一潭,
　不是清泉,是天上虹
揉碎在浮藻间,
　沉淀着彩虹似的梦。

寻梦?撑一支长篙,
　向青草更青处漫溯,
满载一船星辉,
　在星辉斑斓里放歌。

徐志摩会在这样一首写域外风光的诗里,说"悄悄是别离的笙箫",而不说"悄悄是别离的伊和灵弦琴",这是他讨巧的地方。他既能逗引读者的好奇心,也会照顾他们的欣赏惰性。于是,在中西不同的文化背景里，徐志摩移形换步，游走得甚是灵活自如。

在我们一开头所引的徐志摩题为《诗人与诗》的演讲中，他说自己最爱李白和雪莱，"他们生平的历史就是一首极好的诗"。其实徐氏的一生也可作如是观。作为中国现代诗人中无与伦比的焦点人物，徐志摩总是为大众所瞩目，跟这个人身上投射了丰富而典型的集体想象有关。他的爱情是古代才子佳人传奇的延续，他的死亡又是典型的诗人之死——他三十四岁殒命于空难，与雪莱的三十岁葬身于海难何其相似。所以，这个人的生命本身，就是一个中西交织、古今错杂的奇妙的文本。

注　释

〔1〕徐志摩：《诗人与诗》，《徐志摩全集·补编三·散文集》，上海书店据商务印书馆1993年版重印，1994年，第461—462页。

〔2〕徐志摩：《猛虎集序》，《徐志摩全集·四·散文集》丙集，上海书店据商务印书馆1993年版重印，1995年，第141页。

〔3〕T. S. 艾略特：《玄学派诗人》，王恩衷编译：《艾略特诗学文集》，国际文化出版公司，1989年，第31页。

〔4〕徐志摩：《猛虎集序》，《徐志摩全集·四·散文集》丙集，上海书店据商务印书馆1993年版重印，1995年，第144页。

〔5〕徐志摩：《济慈的夜莺歌》，《徐志摩全集·三·散文集》甲集，上海书店据商务印书馆1993年版重印，1995年，第64页。

〔6〕徐志摩：《〈死尸〉译诗前言》，《徐志摩全集·补编三·散文集》，上海书店据商务印书馆1993年版重印，1994年，第216页。

〔7〕早期白话文中两性均可用"他"指代，但这不可能成为托词，因为

在徐志摩的白话诗文中，凡女性必用"她"字，绝无模棱两可的情况。

〔8〕徐志摩：《济慈的夜莺歌》，《徐志摩全集·三·散文集》甲集，上海书店据商务印书馆1993年版重印，1995年，第75—76页。

〔9〕徐志摩：《翡冷翠的一夜序》，《徐志摩全集·四·散文集》丙集，上海书店据商务印书馆1993年版重印，1995年，第137页。这是济慈1818年2月27日致约翰·泰勒信中的话，见刘若端编：《十九世纪英国诗人论诗》，人民文学出版社，1984年，第177页。

〔10〕卞之琳：《〈徐志摩译诗集〉序》，晨光辑注《徐志摩译诗集》，湖南人民出版社，1989年，第4页。

〔11〕很多研究者都已指出了《杜鹃》与济慈的《夜莺歌》《黄鹂》与雪莱的《致云雀》之间的亲缘关系。如朱徽《"五四"时期中国新诗接受的英美影响》，见朱徽：《中英比较诗艺》，四川大学出版社，1996年，第358页；孙乃修：《徐志摩：性灵深处的妙悟》，见曾小逸主编：《走向世界文学：中国现代作家与外国文学》，湖南人民出版社，1985年，第350—351页。

〔12〕在《想飞》一文里，徐志摩引过《致云雀》里这句诗："Thou art unseen, but yet I hear the shrill delight."见《徐志摩全集·三·散文集》乙集，上海书店据商务印书馆1993年版重印，1995年，第15页。

〔13〕徐志摩：《猛虎集序》，《徐志摩全集·四·散文集》丙集，上海书店据商务印书馆1993年版重印，1995年，第139—140页。

〔14〕雪莱：《为诗辩护》，缪灵珠译，刘若端编：《十九世纪英国诗人论诗》，人民文学出版社，1984年，第119页。

〔15〕雪莱：《为诗辩护》，缪灵珠译，中国社会科学院文学研究所编：《古典文艺理论译丛》，知识产权出版社，2010年，第87页。

〔16〕徐志摩：《征译诗启》，《徐志摩全集·四·散文集》丙集，上海书店据商务印书馆1993年版重印，1995年，第31页。雪莱《为诗辩护》中语，见刘若端编：《十九世纪英国诗人论诗》，人民文学出版社，1984年，第154页。

〔17〕卞之琳：《徐志摩诗重读志感》，《人与诗：忆旧说新》，生活·读书·新知三联书店，1984年，第24页。

〔18〕卞之琳：《徐志摩诗重读志感》，《人与诗：忆旧说新》，生活·读书·新知三联书店，1984年，第20页。

〔19〕参见M. H.艾布拉姆斯：《镜与灯：浪漫主义文论及批评传统》第八章"文学创造中的心理学：无意识的天赋和有机体的生长"，郦稚牛等译，北京大学出版社，1989年。

〔20〕叶公超：《论新诗》，《叶公超散文集》，洪范书店，1979年，第81—82页。

〔21〕哈罗德·布鲁姆：《饥饿的海：雪莱导论》，《批评、正典结构与预言》，中国社会科学出版社，2000年，第235页。

二　帝国的铿锵：从吉卜林到闻一多

1922年7月至1925年5月，闻一多留美三年，无论世界观还是艺术观都出现了重大的转折。从对西洋文明满怀憧憬，到深感幻灭并声言决裂，闻一多从此变成了一位民族主义者（nationalist），即他自称的国家主义者；从幼稚的《红烛》，到成熟的《死水》，闻一多的诗艺也脱胎换骨。何以至此，环境之外，与个人阅读也关系甚大。

作为密友，梁实秋当年见证了闻一多心智活动的种种轨迹。他曾回忆，在两人就读于珂泉（Colorado Springs）的时候：

> 我所选的课程有一门是"近代诗"，一共读二十几个诗人的代表作品。还有一门是"丁尼孙与伯朗宁"。一多和我们一同上课。……一多的《死水》，在技术方面很得力于这时候的学习。在节奏方面，一多很欣赏吉伯龄，受他的影响不小。[1]

在英诗班上，一多得到很多启示。例如丁尼孙的细腻写法 the ornate method 和伯朗宁之偏重丑陋 the grotesque 的手法，以及现代诗人霍斯曼之简练整洁的形式，吉伯龄之雄壮铿锵的节奏，都对他的诗作发生很大的影响。[2]

着眼于诗，梁实秋在此列举了许多给过闻一多以启示的名字。那么这些人中，有没有谁对闻一多的影响不止于诗，而兼及于思呢？如果有这么一个人，在思想和艺术两方面同时对闻一多产生了或隐或显的影响，我认为，那一定是吉卜林。

当文明的冲突成为当今世界上最重要的话题，声名沉寂已久的英国作家吉卜林（Rudyard Kipling，1865—1936）在西方再度受到注意。而在中国读书界，这位1907年度的诺贝尔文学奖得主似乎仅以他那些引人入胜的冒险故事为人所知，他的诗，以及他那与其文学天才混合在一起的帝国主义观点，对我们来说都十分陌生。在中国现代文学曾经受过影响的西方作家的名册上，也见不到他的名字。可历史的地表下常常有好多潜伏的勾连纠结不为我们所知，吉卜林与闻一多之间，或基于事实，或出于推断，存在着十分紧密的联系，正有待于我们重新发掘。

当然，闻一多自己并没有提到过吉卜林的名字，但来自后者艺术上的显著影响，不仅对他个人的创作有至关重要的作用，也微妙地改变了中国现代诗的发展方向，我想对此加以指证和辨明。另一方面，他们二人——一个帝国主义诗人与一个爱国主义诗人——在思想上也相映成趣，这特别引起我比较的兴趣，以至于我想从这里入手，先做一番探讨。

一

萨义德在他的名著《东方学》中抨击那些"东方学家"时，

少不了要提到吉卜林的名字:"他们的想象性视野主要由他们卓越的同代人吉卜林所提供,后者在歌唱维持'对棕榈和菠萝的统治'时所具有的热情是令人难忘的。"[3] 吉卜林的这句唱词,萨义德所记大致不差,出自吉卜林1897年为维多利亚女王登基六十周年所作的颂歌《退场赞美诗》(*Recessional*),此诗可以视为吉卜林殖民思想的一个标本,全文照译如下:

> 我们列祖列宗的上帝啊,
> 　我们辽阔的战线之主,
> 在那令人敬畏的巨手下
> 　我们统治着棕榈与松树。
> 万军之主啊,与我们长在,
> 让我们不忘怀,永不忘怀!

> 当喧嚣和骚动都已沉寂,
> 　当诸王、众首领都已凋零,
> 依然留下你古老的献祭
> 　和一颗谦卑、忏悔的心灵。
> 万军之主啊,与我们长在,
> 让我们不忘怀,永不忘怀!

> 我们的海军消失在远洋,
> 　沙丘和海岬炮火已沉没。
> 瞧我们昨日全部的辉煌

像亚述、腓尼基一样陨落!
宽恕我们吧,万邦的主宰,
让我们不忘怀,永不忘怀!

如果我们为武功的显赫
　　而陶醉,不再对你敬畏;
像异教徒放纵狂野的唇舌,
　　像劣等民族目无法规——
万军之主啊,与我们长在,
让我们不忘怀,永不忘怀!

为那些异教徒,他们只信任
　　冒烟的枪管和铸铁的弹片,
为那些灰尘上英勇的灰尘,
　　而并不寻求你的照看。
为那些癫狂的自大和蠢话,
上帝啊,宽恕你的子民吧!

　　真正是无愧于"帝国主义歌手"(singer of imperialism)的绰号,吉卜林鼓吹秩序、强调服从的白人殖民者的思想,贯穿在他的小说、散文,尤其是诗歌中,成了喋喋不休的滥调。对"异教徒"和"劣等民族"侮辱性的语句,毫无忌惮地出现在吉卜林的笔下。在他看来,白人有开化异教有色人种的天职,帝国主义的征服乃是一项神圣的使命。为此,必须派遣小伙子们不远万里去发动可怕的战争。对于那些"劣等民族",只有忍辱负重,竭力去改进他们的生存状况,迫使他们接受西方的文明观念,尽管他们不领情,尽管他们埋怨甚至愤怒。于是,吉卜林从混乱的人性的泥淖之上构想出一个井然有序的乌托邦,其中,殖民地的"东方"最终会自愿地顺从于殖民者的"西方"的统治,而白种人对有色人种具有天生的优越性和历史赋予的使命感。

正因为如此,在诺贝尔文学奖授奖词中,吉卜林招牌式的思想才会被以赞赏的口吻点出来:"《七海》(1896)这组诗歌透露出吉卜林是一个帝国主义者,是一个版图包括全球的帝国公民。在所有纯文学的作家里,为加强英国和他的殖民地之间的联系做出了最大贡献的,无疑要算吉卜林了。"也因为如此,有人说,吉卜林的事业在英联邦的历史上,比起在英语文学史上,来得远为重要。文学史告诉我们:"他的那些诗篇,又浅白又世故,其声名普及于整个英语世界;在爱德华时代的英国,一般家庭里的读物,除了圣经,便是吉卜林。"[4]而下面的描述更具体,更富有感性:

> 对整整一代人而言,通过吉卜林的巫术所打的预防针,思乡病给消解了……男人们会打枪,能骑马;他们意识到"白种人的重任"的分量,读着并说着"七海"里的行话;而在帝国的前哨,男人们别的都不读,只懂也只认吉卜林诗歌的那些习语所反映出来的他们自身生活的闪光。[5]

有趣的是,由于吉卜林出生于印度孟买,且同印度文化走得太近这一事实,他同时代的英国作家切斯特顿(G. K. Chesterton,

1874—1936）认为吉卜林不属于英格兰。在谈到包括科西嘉人拿破仑、格鲁吉亚人斯大林以及吉卜林在内的狂热的民族主义者时，以赛亚·伯林说："这些人都有着火热的眼光，不管高贵还是低俗，充满理想还是心术邪恶，它源于他们的自尊心受到的伤害，他们的民族意识受到的侮辱，因为他们是生活在其他社会、其他文明的压力最强大的民族边缘。"[6] 边缘地位和驳杂身份反而会造成对维护中心之纯粹性的异乎寻常的狂热，这是个悖论，却也是个通例。

闻一多正是在异域的文化冲突中受到伤害和侮辱之后才激发出自己的民族主义的。一到美国，他就感受到了白种文明的强烈排外性，而当时声望仍隆的吉卜林的作品，既为他的必读书目，一定强化了他心目中这种东方与西方的对立，也刺激了他从中国传统的华夷之辨中发展出另一种文化优越论，且再三申言之：

> 呜呼，我堂堂华胄，有五千年之政教、礼俗、文学、美术，除不娴制造机械以为杀人掠财之用，我有何者多后于彼哉，而竟为彼藐视、蹂躏，是可忍孰不可忍！[7]

> 我乃有国之民，我有五千年之历史与文化，我有何不若彼美人者？将谓吾国人不能制杀人之枪炮遂不若彼之光明磊落乎？总之，彼之贱视吾国人者一言难尽。[8]

与诗中响彻着军号声与军靴声的"吉卜林的观点"（语出奥登《悼叶芝》）不同，闻一多的民族主义只在"推尊我国文化"，即

二 帝国的铿锵：从吉卜林到闻一多

所谓"中华文化国家主义（Cultural Nationalism）"。这也是留美中国学生组织的"大江学会"的宗旨，闻一多是其最积极的发起人与参与者。他认为"我国前途之危险不独政治，经济有被人征服之虑，且有文化被人征服之祸患。文化之征服甚于他方面之征服千百倍。杜渐防微之责，舍我辈其谁堪任之！"[9] 循此思路，他创作了介于《红烛》与《死水》之间的多首爱国诗篇，如《醒呀》《长城下的哀歌》《我是中国人》《七子之歌》《南海之神》等。这些诗在艺术上价值并不高，但是却有特别的意义，因为在现代中国，这是第一次集中地用诗的形式来建构族裔神话，来描述中华民族这一想象共同体：

> 我是中国人，我是支那人，
> 我是黄帝底神明血胤，
> 我是地球上最高处来的，
> 帕米尔便是我的原籍。
> ……
> 我是中国人，我是支那人，
> 我的心里有尧舜底心，
> 我的血是荆轲、聂政底血，
> 我是神农、黄帝底遗孽。

闻一多这种人文修辞策略，与"编造出整个大英帝国"（弗吉尼亚·吴尔芙语）的吉卜林并无二致，因为在后者那里，所谓"白种人的重任"也全然是一种集体主义的自我崇拜。本民族的优越性殆由天授，且受一个悠久而辉煌的人文传统的支撑，民族的每一分子自动分享着共同的地理与历史的骄傲。中国的民族主义，正如闻一多在1944年的一篇不大被人注意的评论《家族主义与民族主义》中所指出的，"这是我们历史上比较晚起的东西。……直至最近五十年，因国际形势的刺激，才有显著的持续的进步"。[10]而照当今的现代性与后殖民理论的说法，"是民族主义造就了民族，而不是相反"[11]。所以，民族乃是一些先觉而敏感的知识分子依据地理与血缘的真实，再加上历史与哲学的想象，而进行的一种叙述。

闻一多正是这样一个较早的叙述者。在本质上，他的"中华文化国家主义"颇有一些沙文主义的色彩。他是用一种颠倒过来的吉卜林的眼光看世界，在民族与民族、文化与文化之间见到的也是不平等。他把西方列强称之为"异类"（《七子之歌》小序），这让我们联想到"霜露所均，不育异类；姬汉旧邦，无取杂种"的歧视性表达。在他的笔下，中华是蓬莱仙境，"四周围又堆伏着魍魉猩猩"。他怨恨长城将文化的种子关了起来，未能"早些将礼义底花儿开遍四邻，如今反教野蛮底荆棘侵进城来"（《长城下的哀歌》）。这种文野之辨，乃基于闻一多一个非常的确信：

> 东方底文化是绝对地美的，是韵雅的。东方的文化而且又是人类所有的最彻底的文化。哦！我们不要被叫嚣犷野的西人吓倒了！[12]

如果将闻一多的思想视为"华夏中心主义"与"中华至上

论",谅不为过。他虽然不曾"喋喋誉白人肉攫之心"(鲁迅语),但有意思的是,他也像吉卜林一样,主张要为文明而进行野蛮的斗争,所以他诗中运用的意象,有时竟与吉卜林如出一辙:

> 云气氤氲的校旗呀!
> 在东西文化交锋之时,
> 你又是万人底军旗!
> 万人肉袒负荆底时间过了,
> 万人卧薪尝胆底时间过了,
> 万人要为四千年底文化
> 与强权霸术决一雌雄!

这首《园内》写的是清华的学子,但用词却出人意表,"交锋""军旗""决一雌雄",全属战争语汇,可见帝国主义的吉卜林与爱国主义的闻一多之貌异心同。只不过,前者的武力炫耀已被后者的文化陶醉所取代:"云气氤氲的校旗呀!/你便是东来的紫气,/你飘出函谷关,向西迈往,/你将挟着我们圣人底灵魂,/弥漫了西土,弥漫了全球!"闻一多意识到这种想法的确过于严重,所以给友人的信中特别提到这点:

> 末章底 appeal 恐怕同学们读了,要瞋目咋舌,退避三舍罢?但是这种论调他们便在美国也是终久要听到的。倒不如早早地听惯了的好,省得后来大惊小怪,不知所措。[13]

可见"这种论调"到底还是文化的自尊心受到伤害的产物。但是，老子的"无为"思想如何可以征服全球？这种文化的"软力量"（soft power）的战争如何能够想象？难道在作者潜意识的层面就没有铁血的欲望？闻一多对"神勇的大王"和"威武的雄狮"的呼唤（见《醒呀》），似乎不能用单纯的文化民族主义来解释。他有一些诗句，意旨相当含混：

> 你们夸道东方的日耳曼，
> 你们夸道又一个黄种的英伦，——
> 哈哈！夸道四千年文明神圣，
> 俯首贴耳的堕入狗党狐群！
> 啊！新的中华吗？假的中华哟！
> 同胞啊！你们才是自欺欺人！

为什么说是"自欺欺人"？因为那些夸谈只是堕落的子孙放纵不现实的幻想来过瘾。但是，如果真的能够造就"又一个黄种的英伦"，如果真的能够让战舰商轮满载"镌着英皇乔治、美总统林肯"肖像的货币归来，让"西欧底海狮，北美底苍隼，俯首锻翻，都在上国前请命"，闻一多难道会不愿接受这样的景象么？他的心中，本来就有一个深深的"上国情结"。

二

吉卜林的重要诗作都写于十九世纪末叶，风格相当单纯而醒豁:热情,简洁,略显粗糙。当然没有从象征派开始的现代主义诗歌的精微和复杂,何况吉卜林本来就是一个关心人的外在行动多过理会其内心世界的作家。他的帝国颂歌和战歌,雄赳赳而气昂昂,节奏感和形式感都很强烈。论者说:"他的好些诗公认地铿锵(admittedly is jingle),为此目的,就总是给予约束,加以韵律的控制。"[14] 这说法言简而意赅。前面引述了他的《退场赞美诗》,哪怕在译文里也大体看得出那整齐的形式、密集的音韵和复沓的叠句。吉卜林的诗歌之所以便于记忆,适于朗诵,就是因为其形式的规整和节律的鲜明。而这些恰与闻一多从"大江"时代已具雏形、以《死水》一集达到巅峰的诗歌风格几乎形成了一一对应的关系。

梁实秋说吉卜林以其"雄壮铿锵的节奏"大大地影响了闻一多,可谓一针见血。闻一多生性刚烈,其艺术的口味也很"重",视觉上喜欢设色秾缛的风格,听觉上则偏好大声镗嗒的效果。他的诗评中但凡出现"铿锵"二字,就一定是褒奖。他评《清华周刊》里的某首新诗:"这首诗调底音节也极好。第一节第二句底两套双声尤其铿锵。"(1921)他论及俞平伯《冬夜》用词曲的音节入新诗符合艺术的原则,因为"用的是中国底文字,作的是诗,并且存心要作好诗,声调铿锵的诗,怎能不收那样的成效呢"(1922)。他赞赏郭沫若译《莪默伽亚之绝句》有时能够"出之以十分醒豁的文字,铿锵的音乐"(1923)。他最成熟的诗论《诗的格律》提出了"音尺"的概念,也重复了这个意思:"这样写来,音节一定铿锵,同时字数也就整齐了。"(1926)只有清楚这一点,我们才能够明白,闻一多为什么不喜欢"疲困与衰竭的半音",不

喜欢管弦乐,而认为原始的、男性的鼓声"象征了音乐的生命"。[15] 终其一生,他都那么推崇"渔阳掺挝":

> 叮东,叮东,
> 这鼓声与众不同——
> 又一个鼓手,
> 在堂前奏弄,
> 这鼓声与众不同。
> 叮东,叮东,
> 听!你可听得懂?
> 听!你可听得懂?
> ……
> 叮东,叮东,
> 这鼓声与众不同——
> 像狂涛打岸,
> 像霹雳腾空;
> 这鼓声与众不同。
> 叮东,叮东,
> 不同,与众不同!
> 不同,与众不同!

这是闻一多《渔阳曲》的叠唱部分,大同小异地在一首诗中重复了十三次之多。它们固然形式整齐而富于建筑美,节奏铿锵而富于音乐性,但是那么多的头韵、脚韵、行中韵、近似韵,过于密集而又不断重复的使用，未免超出了表达的需要，使读者难以接受。

韵用得这样铿锵、这样勤，只有吉卜林差可比拟。众所周知，"贯穿吉卜林一生的韵是其诗歌的基本部分，他很少写什么东西而不用到它"。[16] 以至于 T. S. 艾略特亲自为吉卜林编诗选，写序言，却要一再强调，吉卜林写的是韵文（verse）而不是诗（poetry）：

> 他的"韵文"与"诗"的基本差异在于音乐趣味的低下。许多诗作，据耳朵来判断，的确给出了一点情绪的印象，有一些是惟妙惟肖的拟声；但是有一种诗的和声不仅超出了本身的范围——它会干扰整个的意图。[17]

闻一多对用韵有同样的癖好，且对韵的理解也同样的狭隘。他说：

> 现在我极喜用韵。本来中国韵极宽；用韵不是难事，并不足以妨害词意。既是这样，能多用韵的时候，我们何必不用呢？用韵能帮助音节，完成艺术；不用正同藏金于室而自甘冻饿，不亦愚乎？[18]

"极喜用韵"的结果是，他似乎根本不理解刚柔相济、疏密有致之道，经常用力过猛，甚至一韵到底，比如《死水》里，就有《你莫怨我》《也许》《夜歌》，以及下面这首代表作《一句话》：

> 有一句话说出就是祸,
> 有一句话能点得着火,
> 别看五千年没有说破,
> 你猜得透火山的缄默?
> 说不定是突然着了魔,
> 突然青天里一个霹雳
> 爆一声:
>
>   "咱们的中国!"
>
> 这话叫我今天怎么说?
> 你不信铁树开花也可,
> 那么有一句话你听着:
> 等火山忍不住了缄默;
> 不要发抖,伸舌头,顿脚,
> 等到青天里一个霹雳
> 爆一声:
>
>   "咱们的中国!"

既不换韵,也不跨行,每到句末,总可预期有一个太实、太重的脚韵在那儿等着,令人仿佛一路都要"顿脚"。[19] 看来,诗人对韵的使用虽然积极,可是对韵的作用理解得却非常消极。闻一多既然主张诗人应该"戴着脚镣跳舞",且认为新月同人饶孟侃《新诗的音节》将问题"讨论得很精细",想必他是同意饶文这样一个说法的:

> 它（韵脚）的工作是把每行诗里抑扬的节奏锁住，而同时又把一首诗的格调缝紧。要举个例来说，它就好比是一把锁和一个镜框子，把格调和节奏牢牢的圈锁在里边，一首诗里要没有它，读起来决不会铿锵成调。[20]

对于闻一多来说，脚韵的作用无非就是将一首诗"锁住"、"缝紧"。结果，《死水》里差不多每一首诗都被他捆得结结实实，让激情与形式之间发生没完没了的冲突，让读者为了他怎么去"炸开那禁锢我的灵魂的地壳"不得不打叠起十二万分精神。

对韵的偏爱往往导致为押韵而牺牲文义。吉卜林有时就落入这样的窘境，比如说，针对他的《子弟之歌》（*The Song of the Sons*）中的几行诗：

> One from the ends of the earth —— gifts at an open door ——
> Treason has much, but we, Mother, thy sons have more!
> Count, are we feeble or few? Hear, is our speech so rude?
> Look, are we poor in the land? Judge, are we men of The Blood?
> Those that have stayed at thy knees, Mother, go call them in ——
> We that were bred overseas wait and would speak with our kin.

批评者发出一连串的责问：

> 这第一个句子的文法是什么？gifts 的主语呢？这 one 是指一 song，一 son，还是一 family？什么又是 much？再接下

去，为什么那些稍息的人要被 call in——为了补救点什么，又不得不用 kin 来押韵……[21]

　　类似的毛病，在闻一多的诗中也一样存在。就拿《一句话》的第二节为证："这话叫我今天怎么说？""这话"是什么话？是不是上文的那一句话？但是根据下文"那么有一句话你听着"的语气的转折来推测，简直不可能是同一句话。"你不信铁树开花也可"，这"也可"是"也可以"之省，却分明是为趁韵而省；再后头的"顿脚"更是凑韵了，因为正常人表示惊骇，会"发抖"，会"伸舌头"，可决不会"顿脚"，只有气愤才会"顿脚"。

　　更有甚者，在《唁词》一诗里，闻一多将"旁边"颠倒为"边旁"，来跟"希望"押韵；将"警惕"颠倒成"惕警"，来跟"光明"押韵。而在《泪雨》一诗里，为了押韵，他不惜将"悲哀"颠倒为"哀悲"。废名因此曾笑叹"这件事真可以'哀悲'"了。[22]

　　韵律之妙，据 W. B. 叶芝说，就在于"它用迷人的单调使我们安睡，同时又用变化使我们保持清醒"。他要求诗人"从严肃的诗中扬弃那些好像正在跑着的人表现出来的那种强有力的韵律，因为那是意志在着眼于什么事要做或不要做时的特有表现"。他还说，诚挚的诗的形式不同于"通俗的诗"的形式，其完美性微妙得无法分析。[23] 这是 1900 年叶芝的一篇文章里的话，其时吉卜林的名声如日中天，我们可以推想，叶芝对"强有力的韵律"和"通俗的诗"的形式的批评，恐怕部分是针对铿锵而且通俗的吉卜林的。

吉卜林大量使用通俗的谣曲（ballad）形式，它们以复沓的章法、回环的叠句为显著特征，通篇多呼告语，多祈使句。偏偏闻一多的好些诗，如《渔阳曲》《洗衣歌》等等，也都属于仿制的谣曲。我们固然可以将这种回环复沓的做法溯源到《诗经》里的《国风》，但吉卜林的影响对热衷于试验各种西洋诗体的闻一多来说，还是起了主导作用。试看吉卜林的《军靴》（*Boots*）：

> We're foot—slog—slog—slog—sloggin' over Africa—
> Foot—foot—foot—foot—sloggin' over Africa—
> (Boots—boots—boots—boots—movin' up and down again!)
> There's no discharge in the war!
>
> Seven—six—eleven—five—nine-an'-twenty mile to—day—
> Four—eleven—seventeen—thirty-two the day before—
> (Boots—boots—boots—boots—movin' up and down again!)
> There's no discharge in the war!

闻一多的《洗衣歌》——梁实秋说在艺术上正是模仿了吉卜林的[24]——与之何其相像：

> （一件，两件，三件，）
> 洗衣要洗干净！
> （四件，五件，六件，）
> 熨衣要熨得平！

闻一多对回环复沓的形式的喜爱有时候到了偏执的地步，比如《你莫怨我》和《忘掉她》，前者为一爱情诗，逐节而下，是"你莫怨我！""你莫问我！""你莫惹我！""你莫碰我！""你莫管我！"的恨声不绝，虽是抒情，倒像赌气。后者为一悼亡诗，但"忘掉她，像忘掉一朵花！"在全诗的七节里重复了十四次之多，形式脱离了内容而空转。闻一多类似的做法免不了给人造作、生硬甚至滑稽之感。当读者被要求发出"替他们洗！替他们洗！""交给我——洗，交给我——洗"这类切齿之声时，可以想见其尴尬。跟吉卜林的谣曲植根于英国民间创作的传统不一样，二十年代的中国新诗还是文人创造的新事物，与民谣俗曲的语言形式差别太大，所以闻一多的谣曲风，并不"通"于真正的"俗"。

吉卜林在诗的艺术方面对闻一多产生的影响并非一无可取。比方说，吉卜林经常以伦敦土腔写诗，这可能启发了闻一多用京白写出了《天安门》《飞毛腿》等杰作。而这两首诗采用的"戏剧性独白"（dramatic monologue）手法，究竟是来自吉卜林还是白朗宁也实在说不清，因为正如 T. S. 艾略特在吉卜林诗选的序言里所指出的，吉卜林的戏剧化独白乃是对白朗宁的亦步亦趋。

但是，总体上看，闻一多受之于吉卜林的影响是趋于负面的。闻一多曾经研读过的近代英国诗家既然很多，其形式感不一定得自吉卜林，但是那种强有力的韵律，作为男性行为世界的价值体现，却是结合了诗人自身的气质，再加上来自吉卜林的影响的结果。在一片铿锵的声响中，两人都钝化了对微妙事物与参差之美的感受，从而停留在现代主义的前夜。

闻一多为创造新诗的格律花费了非常多的心血，成就颇丰，贡献很大，表现在《死水》的大部分诗篇里，他做得能像 T. S. 艾略特眼中的吉卜林一样好：

> 他努力为自己的诗篇所设计的形式，其繁富多变是值得称道的：每一种都很独特，都很好地适应了诗本身所传达的内容和情绪。韵律不是十分固定：该单调的时候是单调的强音节拍，而节奏的变化范围又相当大。[25]

但问题是，闻一多把诗的形式看成一个"相体裁衣"的问题，不免失之机械，因为诗的形式与情思应该是有机的内在统一，绝非衣服之于身体的关系那么简单。他和他的同道对新诗格律的讲求，导致新月派的诗仿佛穿上镶嵌着一串串闪闪的脚韵的紧身衣，这在当时就引起了某些人的警惕，包括新月派的另一员主将徐志摩。徐氏宣称"已经发现了我们所标榜的'格律'的可怕的流弊"：

> 谁都会运用白话，谁都会切豆腐似的切齐字句，谁都能似是而非的安排音节——但是诗，它连影儿都没有和你见面！[26]

"韵文"（verse）里有时候压根儿就没有"诗"（poetry），艾略特不就这样说么？徐志摩认为，若单讲外表，结果只会是无意义的形式主义，所以他对格律的看法灵动得多："正如一个人身的秘密是它的血脉的流通，一首诗的秘密也就是它的内含的音节的匀整与流动。"这与后来的现代派诗人的看法相通,即诗的内在音乐性才值得强调。三四十年代,戴望舒一再引述安德列·纪德的观点:

> 语辞的韵律不应是表面的,矫饰的,只在于铿锵的语言的继承;它应该随着那由一种微妙的起承转合所按拍着的思想的曲线而波动着。[27]

新月之后的中国现代诗正是基于这种认识而走上了别样的路,但闻一多等人对格律的片面理解,已经造成并且加深了人们对格律体诗的偏见,使读者对新诗格律未见其利,先受其弊。新诗刚刚治好了初期有白话而无诗的毛病,又被诊断出有格律而无诗的症候。这样说来,当年铿锵有声、于今寂寂无闻的吉卜林,竟与二十世纪中国诗所走的一段路——本是一段正路,不幸走歪了——有着脱不了的干系。

注　释

〔1〕据季镇淮《闻一多先生年谱》引,见《闻一多全集》第十二卷,湖北人民出版社,1993年,第479页。
〔2〕梁实秋:《谈闻一多》,传记文学出版社,1967年,第33页。
〔3〕爱德华·W·萨义德:《东方学》,王宇根译,生活·读书·新知三联书店,1999年,第285页。
〔4〕Margaret Stonyk: *Nineteenth-Century English Literature*. London: Macmillan Publishers Ltd., 1983, p. 262.

〔5〕 C. E. Carrington：*The British Overseas*. http：//www. kipling. org. uk/ rg musicl. htm.

〔6〕 伯林：《狄斯累利、马克思及对认同的追求》，《反潮流：观念史论文集》，冯克利译，译林出版社，2002年，第306页。

〔7〕 闻一多：《致父母亲》（1922年8月），《闻一多全集》第十二卷，湖北人民出版社，1993年，第50页。

〔8〕 闻一多：《致父母亲》（1923年1月14日），《闻一多全集》第十二卷，湖北人民出版社，1993年，第138页。

〔9〕 闻一多：《致梁实秋》（1925年3月），《闻一多全集》第十二卷，湖北人民出版社，1993年，第215页。

〔10〕 闻一多：《家族主义与民族主义》，《闻一多全集》第二卷，湖北人民出版社，1993年，第356页。

〔11〕 厄尔斯特·盖尔纳：《民族与民族主义》，韩红译，中央编译出版社，2002年，第73页。

〔12〕 闻一多：《〈女神〉之地方色彩》，《闻一多全集》第二卷，湖北人民出版社，1993年，第123页。

〔13〕 闻一多：《致吴景超、梁实秋》（1923年3月17日），《闻一多全集》第十二卷，湖北人民出版社，1993年，第155页。

〔14〕 A. J. Sandison：*"Rudyard Kipling"* in Ian Scott-Kilvert ed.，*British Writers*，vol. vi. New York：Charles Scnbners Sons，1983，p. 202.

〔15〕 闻一多：《时代的鼓手》，《闻一多全集》第二卷，湖北人民出版社，1993年，第197—201页。

〔16〕 Brian Mattinson：*"Kipling and Music"*. http：//www. kipling. org. uk/rg musicl. htm.

〔17〕 T. S. Eliot：Introduction to *A Choice of Kipling's Verse*. London：Faber & Faber，1941，p. 35.

〔18〕闻一多:《致吴景超》(1922年9月24日),《闻一多全集》第十二卷,湖北人民出版社,1993年,第78页。

〔19〕叶公超《论新诗》(1937年)曾谈及闻一多另一首诗《一个观念》,认为:"这首诗就吃亏在顿逗太显著,和行句太整齐;又因为行句这样整齐,脚韵似乎特别加重了。所以我们读起来很容易愈读愈快,愈紧张,甚至于感觉气不够用,仿佛闻先生在写的时候也必在用手(或脚)拍着板。"见《新月怀旧——叶公超文艺杂谈》,学林出版社,1997年,第62页。朱自清《诗韵》(1944年)一文,谈到新诗一韵到底"虽然是强调,却不免单调",以谓跨句韵可以"减轻韵脚的重量,增加意义的重量",并且认为"全押本韵太谐太响",均极有见地。见朱自清:《新诗杂话》,生活·读书·新知三联书店,1984年,第106—114页。

〔20〕饶孟侃:《新诗的音节》,周良沛编选:《饶孟侃卷》,长江文艺出版社,1991年,第57页。

〔21〕Boris Ford (ed.): *The Pelican Guide to English Literature*, vol. vi, *From Dickens to Hardy*. Harmondsworth, Middlesex: Penguin Books Ltd., 1958, p.394.

〔22〕冯文炳(废名):《谈新诗》,人民文学出版社,1984年,第24页。

〔23〕叶芝:《诗歌的象征主义》,戴维·洛奇编:《二十世纪文学评论》上册,上海译文出版社,1987年,第48—60页。

〔24〕梁实秋:《谈闻一多》,传记文学出版社,1967年,第33页、第37页。

〔25〕T. S. Eliot: Introduction to *A Choice of Kipling's Verse*. London: Faber & Faber, 1941, p.11.

〔26〕徐志摩:《诗刊放假》,《徐志摩全集·四·散文集》丙集,上海书店据商务印书馆1993年版重印,1995年,第59页。

〔27〕戴望舒：《诗论零札》，1944年2月16日香港《华侨日报·文艺》。另见戴氏《谈林庚的诗见和"四行诗"》，《新诗》月刊第一卷第二期（1936年11月），译文稍有出入。朱自清在《中国新文学大系·诗集·导言》里，说戴氏"注重整齐的音节，但不是铿锵的而是轻清的"。

三　眼之魔法：超现实主义的戴望舒

戴望舒平生诗作，论社会影响，首推前期的《雨巷》一诗最广为人知；论文学史的意义，中期的诗集《望舒草》里的众多诗篇特别为研究者所重；但是，如果纯粹从诗的艺术价值考虑，我认为，他的最佳作品却在他末期的诗集《灾难的岁月》中，这就是可以列入戴诗"三甲"的《眼》《我思想》《我用残损的手掌》。

从《望舒草》到《灾难的岁月》，戴望舒的诗风有一个微妙的转变，这与他两年半的游学法国关系甚大。在此之前，戴望舒心仪的诗人是与自己性情相近的果尔蒙（Gemy de Gourmout）、保罗·福尔（Paul Fort）、耶麦（Francis Jammes）等法国诗人。而在此以后，他最喜欢的对象已经变成法国诗人许拜维艾尔（Jules Supervielle）、西班牙诗人洛尔迦（García Lorca）、阿尔倍谛（Rafael Alberti）、沙里纳思（Pedro Salinas）、季兰（Jorge Guillén）、阿尔多拉季雷（Manuel Atloaguirre），等等。在后面这些诗人的影响之下，戴望舒的象征主义的写作风格为之一变，而具有了超现实主义色彩。[1]

许拜维艾尔（现在通译"苏佩维埃尔"，为求行文方便，姑从戴译）是戴望舒真正有过交往的西欧现代诗名家，也算是法国后期象征主义诗人，但是诗风介于新浪漫主义与超现实主义之间。他生于南美洲的乌拉圭，主要诗集有《万有引力》(1925)、《无罪的囚徒》(1930)、《陌生的朋友》(1934)等。1935年春，戴望舒登门拜访他，后来写过专文《许拜维艾尔访问记》，同时译出《许拜维艾尔自选诗》八首，以及雷蒙的《许拜维艾尔论》，发表在1936年10月出版的《新诗》第一卷第一期上，对这位重要的法国当代诗人的介绍相当全面。

但是，戴望舒对许拜维艾尔的评价似乎过了头，因为在他看来，"二十年前还是默默无闻的许拜维艾尔，现在已渐渐地超过了他的显赫一时的同时代人，升到巴尔拿斯的最高峰上了"。这"显赫一时的同时代人"，戴望舒指的是艾略特、叶芝、马雅可夫斯基和瓦雷里等。不过，以戴望舒优柔的禀性与气质，精致而不免挑剔的胃口，以及向来就不注重理论的作风，他批评艾略特等人是可以理解的，因为他们除了作诗，同时又是诗评家甚至诗论家，"并不把诗作为他们最后的目的，却自己已制就了樊笼，而把自己幽囚起来"。而许拜维艾尔则是戴望舒心目中"能摆脱这种苦痛的劳役的少数人之一"。[2]

但是，戴望舒之所以喜欢许拜维艾尔的诗歌，大约竟是因为他从中看到了明显的西班牙风格。许拜维艾尔在会面时也认可了戴望舒向他指出的这一点。这次访问，正是在戴望舒终于实现了自己早就向往的西班牙之行而返回法国之后。对于戴望舒来说，比起法国，西班牙似乎从一开始就更具魅力。他很早就喜欢被他称之为"无匹的散文家"的阿左林（Azorín）的小品。在马德里的书市上，他买了好几个版本的《堂·吉诃德》，还买了不少现代作家的小说和散文集，以及"洛尔迦，阿尔倍谛，季兰，沙里纳思等当代诗人的诗集"[3]。他回国后，这些西班牙诗人他全都翻译过。但在法国的时候，他就已经常常读这些西班牙诗人的诗。他当许拜维艾尔的面说："我所爱的西班牙现代诗人是洛尔迦和沙里纳思。"[4]

1935年夏天，戴望舒回国。1936年6月他与穆丽娟结婚。同月，他与卞之琳、孙大雨、梁宗岱、冯至任编委的《新诗》月刊正式出版。在第二期上，戴望舒发表了献给新婚妻子的《眼之魔法》（收入《灾难的岁月》后易名为《眼》）。此诗篇幅之长，在戴望舒全部诗作中屈指可数，为便于讨论，兹全引如下：

> 在你的眼睛的微光下
> 迢遥的潮汐升涨：
> 玉的珠贝，
> 青铜的海藻……
> 千万尾飞鱼的翅，
> 剪碎分而复合的
> 顽强的渊深的水。
>
> 无渚崖的水，
> 暗青色的水；
> 在什么经纬度上的海中，
> 我投身又沉溺在

三 眼之魔法：超现实主义的戴望舒

以太阳之灵照射的诸太阳间,
以月亮之灵映光的诸月亮间,
以星辰之灵闪烁的诸星辰间?
于是我是彗星,
有我的手,
有我的眼,
并尤其有我的心。

我晞曝于你的眼睛的
苍茫朦胧的微光中,
并在你上面,
在你的太空的镜子中
鉴照我自己的
透明而畏寒的
火的影子,
死去或冰冻的火的影子。

我伸长,我转着,
我永恒地转着,
在你永恒的周围
并在你之中……

我是从天上奔流到海,
从海奔流到天上的江河,

> 我是你每一条动脉,
> 每一条静脉,
> 每一个微血管中的血液,
> 我是你的睫毛
> (它们也同样在你的
> 眼睛的镜子里顾影)
> 是的,你的睫毛,你的睫毛,
>
> 而我是你,
> 因而我是我。

这首诗,想象恣肆,境界远大,在戴望舒工稳节制的写作中十分罕见,使批评者自然感到理解上的困惑:"《眼》中的形象与情思纷繁、奇诡,在戴诗中可能是最难读的一篇诗作。"[5] 考虑到超现实主义风格的诗作大抵上都难以平常逻辑以求甚解,这一理解上的受阻一点也不让人觉得奇怪。

相比于戴望舒此前的诗,《眼》表现出以下不同的特点:一、广阔的宇宙意识;二、神秘的心灵感应;三、热烈的爱欲主题;四、变形的艺术手法。而这些特点,无不与他现在所喜爱的法国和西班牙现代诗人有关。下面,我们就分别讨论这些特点具体的表现。

一

戴望舒最熟稔的诗风表现在他第二个诗集《望舒草》中。从开头的《印象》《古神祠前》,到末尾的《旅思》《深闭的园子》,诗人耽溺于感官的世界中,将极细腻的感觉,以极精确的形象表现出来。读者往往惊讶于诗人有那么灵敏的味蕾和耳膜,捕捉到一个个难以言传的印象与经验。"溅出来的冷水滴在她的跣足上"(《村姑》);"鲜红并寂静得/与你底嘴唇一样的枫林间"(《款步(二)》);"泥土的香/在浅春的风里它几乎凝住了"(《小病》)。正是此类体贴入微的感觉,织就了戴望舒柔软而精致的诗篇。

此时,戴望舒执信于"诗不是某一个官感的享乐,而是全官感或超官感的东西"。[6] 他的想象,被他的官能所感知的色香味引导和左右,不出日常的经验的范围。比如,《小病》《游子谣》《微辞》《少年行》《深闭的园子》等诸多篇什,都出现了一个家乡的小园的意象。诗人所谓官感的享乐,都是对于这个世界的乡愁。

与家乡的小园相对的是天上的乐园。《望舒草》一集的最后两首,《寻梦者》和《乐园鸟》,显示出诗人的想象向着虚构的现实大胆飞跃:冰山和旱海间遇着的金色的贝,天水和海水中养出的桃色的珠,青空中没有休止地飞着的华羽的乐园鸟,幻想的世界已开始取代了我们所熟悉的官感的世界。

现在,在《眼》中,戴望舒更进于作这样的灵视:"在什么经纬度上的海中,/我投身又沉溺在/以太阳之灵照射的诸太阳间,/以月亮之灵映光的诸月亮间,/以星辰之灵闪烁的诸星辰间?"诗人的神思,已然超脱了经验所囿,直逼我们内在的宇宙最辽远的边际。

是戴望舒所欣赏的那些法国和西班牙诗人促成他作这样的转变的。就在他译的马赛尔·雷蒙的《许拜维艾尔论》里,有这样一段话：

> 如果他抬起眼睛来，那也不过是看天心"像一枝樯桅的顶一样"地飘摇而已，那已不复是地理的而是宇宙的，有那改移为心灵的意象的星宿之运行和太虚之风景描映着的引力中的诗情，是被大风暴的不断恐惧所动摇着，所颠倒着。在《无罪的囚徒》那个集子中，这种宇宙的诗情增添了一个新的积量，而且，虽则不断地仍以宇宙为主题，但却渐渐地蜕化成一种形而上学的诗了。从此以后，他甚至连银河的最辽远的涯岸也"使成为人间的"了。特别是什么都不死了，生物也不，回忆也不。往日的我们的一切，我们的感觉和我们的愿望，都追随我们，四散在太空之中，像浸润着我们现在的生存，指导着我们的思想，并在我们不知不觉之中激动着我们的那种流体一样地旅行着。[7]

戴望舒往日的诗的感觉和愿望，演变成《眼》中的宇宙的诗情，而无比恣肆狂放。从前，像《古神祠前》一诗所呈现的，诗人"思量底轻轻的脚迹"敏感如水蜘蛛，迅疾如蜉蝣、蝴蝶、云雀，却仍然是在可以想见的世界里徘徊，即使当诗人说，现在它是鹏鸟了：

> 在浮动的白云间，
> 在苍茫的青天上，
> 它展开翼翅慢慢地，

> 作九万里的翱翔,
> 前生和来世的逍遥游。

其实还是不能真正做到空间与时间皆无限制的想象力的绝对自由。只有在《眼》的魔法里,诗人才大大地扩充自己的心,宏观得"从天上奔流到海,从海奔流到天上",又微观得成为"每一条动脉,每一条静脉,每一个微血管中的血液"。于是,戴望舒已经和他所理解的许拜维艾尔一样了:

> 他所需要的是一个更广大深厚得多的世界,包涵日月,星辰,太空的无空间限制的世界,混和过去,现在和未来的无时间限制的世界;在那里,没有死者和生者的区别,一切东西都是有生命有灵魂的生物。[8]

当诗人想象"全宇宙在我的枝头颤栗、飘摇"的时候,他也就成了像马赛尔·雷蒙所说的许拜维艾尔一样的"轮回、万物变形、神秘的心灵感应的诗人",而使得"万物在不可见之中起了交感"。[9] 这已经不再是戴望舒翻译过的波德莱尔《应和》一诗里"香味、颜色和声音都互相呼应"的那种通感了。比起超现实主义者将内心世界与外部世界彻底混同为一体的努力,波德莱尔那种联通各种感觉的做法还是过于小心。如果说象征主义的自然与人是"似"的关系,那么,超现实主义的两者之间就是"是"了,所以后者可以将理性会认为缺乏共同点的两样事物揑合到一块儿。安德列·布勒东说:

精神极善于敏捷地抓住机遇选中的两个对象之间极微弱的感应，而诗人知道他总能确有把握地说出这个和那个相象。在诗人中间可以建立的唯一等级，可以以他们在这方面表现出或大或小的自由作为唯一的根据。[10]

我们从戴望舒的不同阶段的诗句，比较容易看出其间的差别。《款步（二）》（1932）一诗有这样的几行：

> 啮着沙岸的永远的波浪
> 总会从你投出着的素足
> 撼动你抿紧的嘴唇的。
> 而这里，鲜红并寂静得
> 与你底嘴唇一样的枫林间……

力的传递是如此落实，感觉的会通也非常巧妙，但这是常识所能够允许的联系。而在下面这首美丽而神秘的小诗《我思想》（1937）里，思想的自由已经完全不受时空的限制了：

> 我思想，故我是蝴蝶……
> 万年后小花的轻呼
> 透过无梦无醒的云雾，
> 来振撼我斑斓的彩翼。

以两个典故，一个十七世纪法国哲学家笛卡尔"我思，故我在"

的有名公式，一个战国时代的庄子梦为蝴蝶的有名故事，导入"寂然凝虑，思接千载；悄焉动容，视通万里"的神思之起落。"小花的轻呼"可以做波德莱尔式通感的范本，但是穿越"万年"的距离，和无梦无醒的云雾的间隔，轻轻的一呼有了强烈"振撼"的响应，这思想的神奇，宇宙的应和，却是典型的超现实主义思理之外的思理了。

回到《眼》这首诗中，我们看到，光与水，日月与星辰，太空与血液，已经浑然为一体，潮汐的升涨，光影的闪烁，在诗人的心中应着同一的节律。"我投身又沉溺在"此中，我成了你，因而我最终也成了我自己。在超现实的玄学层面上，诗人获得了最大的联想自由，使主体与客体形成真正的"天人合一"的关系。于是，一种远为广大的同情，代替了原先的秘密的感觉的互通，也使得戴望舒的诗呈现出崭新的面貌。

二

与以冷冰冰的 T.S.艾略特为代表的放逐个人情感的主智型的现代诗大不一样，法国和西班牙的超现实主义诗人，大多是天生的热烈的爱情歌手。戴望舒喜欢的阿波里奈尔、艾吕雅、洛尔迦、阿尔倍谛，都是些了不起的恋爱者或失恋者。1936 年的戴望舒，爱情生活上经历了一场重创，又刚刚获得新生，所以他的这首《眼》写来分外投入。虽然他曾经写过那么多情诗，但现在已加入了新的因素，从观念到技巧都有着明显的不同。

超现实主义诗人往往有一种爱情的崇拜，他们视女性为造化钟灵毓秀的结晶,而爱情是火焰,照亮了我们每天的生活,身边的事物,乃至一切的元素。与浪漫主义的偏重精神的爱情相比,他们炽烈地歌唱肉体之爱,将灵性与欲望搅拌在大自然的活泼泼的生命现象中。洛尔迦有如此惊人的美妙诗句:

> 谁也不了解你腹部
> 阴暗玉兰的芳香。
> 谁也没品尝你齿间
> 爱的蜂鸟在震荡。[11]

正因为联系到别样的知识背景,苏珊娜·贝尔纳对《眼》一诗,体会得才格外深切。她说:"质言之,戴的情诗更近于艾吕雅:女性孕育于大自然,爱是知识的泉源。诗人投入了爱人的眼中,才溶于宇宙的星际。"[12] 通过我与你的合一,我有了我的手,我的眼,我的心,而你也有了你的动脉、静脉、血液和睫毛,"而我是你,因而我是我"。于是,眼的魔法使爱的双方获得了完整的生命。

超现实主义诗人的爱情之歌,总是与创造、诞生、梦与死亡这些意念结合起来,因此,他们经常用强有力的变形手法,作意象的跳跃、剪贴、叠加,给人极度新异的感觉。戴望舒此诗亦然。他过去是这样歌颂其爱情对象的:"引起寂寂的旅愁的,/翻着软浪的暗暗的海,/我的恋人的发,/受我怀念的顶礼。/恋之色的夜合花,/佻达的夜合花,/我的恋人的眼,/受我沉醉的顶礼。/给我苦痛的螫的,/苦痛的但是欢乐的螫的,/你小小的红翅的蜜蜂，/我的恋人的唇，/受我怨恨的顶礼。"（《三顶礼》）相比《眼》来，这只能算是印象派的处理方式，因为下面的诗句在读者心中唤起的，竟类似立体主义的画面：

  在你的眼睛的微光下
  迢遥的潮汐升涨：
  玉的珠贝，
  青铜的海藻……
  千万尾飞鱼的翅，
  剪碎分而复合的
  顽强的渊深的水。

  将这些形容一一落实到眼睛上面去其实并不容易。眼波么？是的；眼睑么？也是的；眼睫呢？还是眼角的鱼尾纹？眼睛的一眨一眨？甚或虹膜上倏忽隐现的物象？似乎都是，又不好说真的就是。

  据我推测，这些繁富的意象，就其类型而言，与许拜维艾尔的以下数行诗有亲缘关系，因为同样是用珠蛎、玉蛤、贝壳这些海里的物事来形容一位女性的矇眬睡眼，也因为戴望舒不仅翻译过，而且熟悉它们的异文：

  那在千万年之后
  将成为一个还睡眼蒙眬的少女的，
  珠蛎啊，玉蛤啊，我的贝啊，

> 给我形成她,给我形成,
> 让我给她的嘴唇和眼睛的诞生
> 施着油彩……[13]

而就这些意象的呈现方式而言,我想到的则是戴望舒也曾经介绍过的法国现代诗人比也尔·核佛尔第(Pierre Reverdy):"他用电影的手腕写着诗,他捉住那些不能捉住的东西:飞过的鸟,溜过的反光,不大听得清楚的转瞬即逝的声音;他把它们连系起来,杂乱地排列起来,而成了那些别人所写不出来的诗。"[14]

戴望舒曾经认为:"诗是由真实经过想象而出来的,不单是真实,亦不单是想象。"[15] 但是现在,在真实与想象之间他发生了倾斜,更多地,更自由地,一任想象驰骋,向着梦幻的世界。在《眼》的写作之前两年,戴望舒写过一首《灯》(后收入《灾难的岁月》),其中某些诗句,已经有了《眼》的局部的雏形:

> 采撷黑色大眼睛的凝视
> 去织最绮丽的梦网!
> 手指所触的地方:
> 火凝作冰焰,
> 花幻为枯枝。

一样是眼睛的幻象、魔法、梦。而"火凝作冰焰"的意象与《眼》中的这些句子也相仿佛:"在你的太空的镜子中/鉴照我自己的/透明而畏寒的/火的影子,/死去或冰冻的火的影子。"(此外,《眼》

三 眼之魔法:超现实主义的戴望舒

中的"我伸长,我转着,/我永恒地转着,在你永恒的周围/并在你之中……"与《灯》里面"转着,转着,永恒地……",也别无二致。)这就是说,戴望舒在处理真实与想象的关系时,已经先期有了变化。

基于戴望舒更多的诗篇,苏珊娜·贝尔纳说:

> 对戴望舒这类诗人而言,诗歌首先是对客观世界的再创造,通过再创世界,给予读者以新的形象和感觉。正如法国诗人兰波一样:他既不认为做诗时要达到"意识紊乱"的地步,而又要把幻想作为伴侣、轴心和依据。这种梦幻不断与现实交融,并超越甚至压倒了现实,诗歌创作就存在于这种辩证关系中。
>
> 如法国的大诗人一样,他的诗作证明了诗歌是个人创造力的自由发挥,梦幻也能成为艺术的现实,艺术能大大超越视觉所及的世界。他以极度的敏感——对此,我想起了里尔克——展出了一个不断运动、不断变幻的流动境界。而诗人的思路随其灵感的兴之所至而把这个境界组合而又拆散。也许,其惊人之笔,正来自他敢于浮想,敢于大胆处理真实而不屈从于表面。这样,每一个感觉、每一个形象都产生于绝对的自由。[16]

这里提到兰波和里尔克。事实上,如果对戴望舒的阅读与翻译的背景有较多的了解,她会说出更恰切的名字。甚至连法国的大诗人也不是最重要的来源了,因为西班牙诗人洛尔迦、阿尔倍谛、沙里纳思、阿尔多拉季雷等,更得戴望舒的青睐。这些诗人虽然借鉴超现实主义的写作技巧,但是毕竟不认可真正到了"意识紊乱"的地步的"自动写作法",所以也谈不上感觉与形象之生发的"绝对的自由"。他们在梦幻与清醒之间所表现的那种清晰,像洛尔迦的朋友达利的超现实主义绘画一样的,戴望舒是非常钦佩并加以效仿了。比如《白蝴蝶》(1940):

> 给什么智慧给我,
> 小小的白蝴蝶,
> 翻开了空白之页,
> 合上了空白之页?
>
> 翻开的书页:
> 寂寞;
> 合上的书页:
> 寂寞。

线、形、色都有着一种崇人的简洁与明净,令人想起如下的诗句:"辉煌的水晶,椪树,/成为光的,线条的,成为/活着的明耀和脉络的!"(沙里纳思《物质之赐》)"我和我的影子,直角。/我和我的影子,翻开的书。"(阿尔多拉季雷《一双小小的船》)王佐良说:

> 等到戴望舒翻译起洛尔迦等西班牙诗人的作品,他带我

们进入了一个色彩和音乐的新世界:色彩强烈、鲜明,西班牙的阳光像比任何地方都强烈,而它的阴影也特别浓厚,总有那一种"刚强下的哀愁";……[17]

而他的翻译也总是影响到自己的创作。《灾难的岁月》里的诗,情绪虽不乏苦涩,意象却大抵明洁。这与《雨巷》时期的朦胧非常不同,也与《望舒草》里总体上趋于晦暗的色调判然有别。从诸如"在迷茫的烟水中的国土"(《单恋者》)、"在我昏花的眼前/飘过那些模糊的暗淡的影子"(《老之将至》)这类诗句,可以印证戴望舒确曾是个"夜行者";但在最后的诗集里,太阳已经临照在诗人的心头:"我躺在这里/咀嚼太阳的香味"(《致萤火》);"曝着太阳,沐着飘风"(《狱中题壁》);"只有那里是太阳,是春,/将驱散黑暗,带来苏生"(《我用残损的手掌》);"抖去水珠的凤蝶儿/在木叶间自在闲游,/把它的饰彩的智慧书页/曝着阳光一开一收"(《在天晴了的时候》)。看来,戴望舒显然是受了西班牙诗人迷恋强烈色彩的感染。

三

尽管从艺术的角度来看,时间上的后浪推前浪绝不意味着品级上的低级向高级,可在一般人眼里,超现实主义总比象征主义处在更"先进"、更"现代"的位置上。戴望舒在其写作生涯的最后一个阶段,显示出超现实主义的种种特色,可以视为中国现代诗人不断学习与追赶西方而终于同步的一个例证。但是,在追求同步的过程中，必然会发生位移的现象。这是因为，不管戴望舒扬帆追随西方现代主义诗潮到了多么远的地步，他的船里仍然有着沉甸甸的压舱物，使之不至于倾欹翻覆。这压舱物，就是他身上非常深厚的中国古典文学的修养。

正如王佐良说的，戴望舒"是这样的一个诗人，在他身上也有古典主义和现代主义的结合，实际上就是中国诗歌传统和西欧现代敏感的结合"[18]。一说到古典传统，我们今天的诗人往往有非常对立的情绪，认为它是表达现代敏感的负累。然而我们今天写的所谓脱尽古典因素、富于时代气息的诗篇，恰恰是在这一观点的支配下，习非成是、积重难返的结果。在三十年代，无论是戴望舒，还是卞之琳与何其芳，他们骨子里的古典底蕴，都玉成了而不是削弱了其诗作的现代品质。

就这首《眼》来说，那些法国和西班牙现代诗人的影响，正是结合着戴望舒固有的古典气质而发挥了作用。比如，在"千万尾飞鱼的翅，/剪碎分而复合的/顽强的渊深的水"的背后，似乎有李贺《唐儿歌》的"一双瞳人剪秋水"做底子；在"我是从天上奔流到海，/从海奔流到天上的江河"，也令人想到李商隐《西溪》的"人间从到海，天上莫为河"。至于"我晞曝于你的眼睛的/苍茫朦胧的微光中"，叩问"晞曝"二字，也分明可以听得见从《诗经》《楚辞》里传来的回声。能够想象得出比这两个单音字的组合更贴切的现代汉语双音节词，来表达在"微光"中"晾""晒"的意思，而又不像"晾""晒"两个字这么白、这么响吗？实在想象不出。

最后，我想对一个问题稍稍说上两句。有论者认为，戴望舒

总是从西方二流的现代诗人那里获取灵感,未免落入下乘。西川谈及戴望舒时说:

> 他的写作抗拒西方现代主义(具体说是象征主义)文学中最强有力的一面,这就是他虽然译介了波德莱尔、马拉美、兰波、瓦雷里,却以一些法国二流诗人如苏佩维艾尔、果尔蒙等为写作榜样的原因。他实际上也削弱了西方现代主义文学。[19]

要说"抗拒"西方现代主义最强有力的一面,戴望舒想必不会存这份心;而"削弱"西方现代主义文学的事,他恐怕想做也做不到。至于"取法乎上,仅得其中;取法乎中,风斯下矣",揆之常理大概还行,却偏偏在艺术上算不上通则。奥登说过:"一个作家越是强有力,越是有独创性,对于那些天赋较差而又想自具面目的人就越是危险。另一方面,拙劣的作品却常常证明是对想象力的一种刺激,间接地促成别人写出好东西来。"[20] 这是深谙艺术之道的甘苦之言。大诗人以一般作家为师,在文学史上大不乏人。波德莱尔和马拉美对爱伦坡推崇过了头,是个有名的例子。杜甫诗云:"孰知二谢将能事,颇学阴何苦用心。"(《解闷》)阴铿、何逊可是连二流诗人也算不上了。正如本书引言里引用的纪德的话:影响只是唤醒。如果天性里缺乏强有力的要素,即使想听从巨人的召唤,也上不了他们的路。

注 释

〔1〕有论者已经提到过这一点,比如蓝棣之在《戴望舒:象征派的形式,古典派的内容》中说过:"在他最后一个诗集《灾难的岁月》里,我们可以看到,像《我用残损的手掌》《等待》这些诗,很有些阿拉贡、艾吕雅的影响。这也就是说,戴望舒已经走到了革命的或左翼的超现实主义文学的殿堂。"见蓝棣之:《现代诗的情感与形式》,华夏出版社,1994年,第38页。

〔2〕戴望舒:《许拜维艾尔访问记》,《新诗》第一卷第一期(1936年10月),第112页。

〔3〕戴望舒:《记马德里的书市》,《戴望舒全集》散文卷,中国青年出版社,1999年,第54页。

〔4〕戴望舒:《许拜维艾尔访问记》,《新诗》第一卷第一期(1936年10月),第122页。

〔5〕陈丙莹:《戴望舒评传》,重庆出版社,1993年,第140页。

〔6〕戴望舒:《望舒诗论》之八,《现代》第二卷第一期(1932年11月),第93页。

〔7〕马赛尔·雷蒙:《许拜维艾尔论》,《新诗》第一卷第一期,第104—105页、第102页。戴望舒于译者附注中特别提到,这是初版里的文字,定本里"诗句微有不同",第107页。

〔8〕戴望舒:《许拜维艾尔访问记》,《新诗》第一卷第一期(1936年10月),第116页。

〔9〕马赛尔·雷蒙:《许拜维艾尔论》,《新诗》第一卷第一期,第104—105页、第102页。

〔10〕安德列·布勒东:《连通的容器》,引自罗伯特·肖特:《达达主义和超现实主义》,马·布雷德伯里、詹·麦克法兰编:《现代主义》,

胡家峦等译，上海外语教育出版社，1992年，第276页。

〔11〕加尔西亚·洛尔迦：《意外之爱的短歌》，引自赵振江：《西班牙与西班牙语美洲诗歌导论》，北京大学出版社，2002年，第157页。

〔12〕苏珊娜·贝尔纳：《生活的梦：戴望舒的诗》，《读书》，1982年第7期，第38页。

〔13〕马赛尔·雷蒙：《许拜维艾尔论》，《新诗》第一卷第一期，戴望舒于译者附注中特别提到，这是初版里的文字，定本里"诗句微有不同"，第107页。

〔14〕戴望舒：《比也尔·核佛尔第》，《现代》第一卷第二期（1932年6月），第269页。

〔15〕戴望舒：《望舒诗论》之十四，《现代》第二卷第一期（1932年11月），第93页。

〔16〕苏珊娜·贝尔纳：《生活的梦：戴望舒的诗》，《读书》，1982年第7期，第35—36页。

〔17〕王佐良：《译诗与写诗之间——读〈戴望舒译诗集〉》，《王佐良文集》，外语教学与研究出版社，1997年，第480页。

〔18〕王佐良：《译诗与写诗之间——读〈戴望舒译诗集〉》，《王佐良文集》，外语教学与研究出版社，1997年，第479页。

〔19〕西川：《抹不去的焦虑》，《中国学术》第五辑（2001年1月），第297页。这里有一个疏忽，即戴望舒并没有翻译过马拉美和兰波，瓦雷里的诗也只译过一首《消失的酒》。

〔20〕W. H. Auden："Reading", in *The Dyer's Hand and Other Essays*. New York: Random House, 1962, p. 11.

四　卞之琳与艾略特与瓦雷里

随着卞之琳于2000年岁末逝世,有关诗人的评论大量地见诸报刊及网络,从前不大有过的赞誉之辞也常常出现。赵毅衡说:

> 我个人认为,卞之琳三十年代的诗作,是中国现代诗歌的最高成就。一是中国传统的继承,二是西方现代诗学的吸收。这两者,再加上婉约词与玄学诗的美妙融合,产生了中国特色的现代诗。卞之琳诗在中国现代文学史上是独一无二、无可替代的。[1]

他甚至认为,在二十世纪上半期,只有卞之琳与张爱玲两人,能够做到让中国文学与世界文学的最佳水平"取齐"。柏桦说:

> 我觉得卞之琳写得好,他是现代性的写作,包括现在所谓的后现代写作在卞之琳那儿也可以看到。另外卞之琳的写作深得中国古典之精髓,又得西方之精髓,而且两者结合非常自然。看他的诗感觉很内向,是学者型的,但他的诗又很先锋,而且这种先锋是含而不露的。

> 他预示了很多可能性,中国诗歌发展的可能性在他那儿都呈现了方向,而且他不仅是呈现各种方向的诗人,他写得也很成熟,这一点很可怕。[2]

两人的评价,都着眼于卞之琳诗艺的中西融合。这是大的方向。从小的方向来看,如果每一种具体的影响都意味着一种可能性的实现,则卞之琳受惠的中国古典诗人与西方现代诗人之众,在二十世纪中国诗界堪称第一。单是有迹可循、有案可查的西方作家,卞之琳自己就曾经开列过一份长长的名单[3]:波德莱尔、艾略特、叶芝、里尔克、瓦雷里、奥登、阿拉贡,这些诗人,再加上他提到的魏尔伦,以及不曾提到的散文作家阿左林和纪德,就构成了卞之琳所受到的西方影响的全貌。

当然,以上这些西方作家对他的影响并不均衡。由于卞之琳最好的诗作绝大多数写于1934至1937年间,这个时期反映出来的外来影响,分量显然最重。于是我们看到,有两个重要的人,即《雕虫纪历·自序》中具体说明的"写《荒原》以及其前短作"的艾略特,和写作"后期短诗"的瓦雷里,给予卞之琳以最为宝贵的启发,使他的诗艺真正地走向成熟,从而形成了自己鲜明而独特的个人风格。

一

1936年,卞之琳写有一篇散文《尺八夜》,结尾是这样一段话:

> 时候不早了。呜呼,历史的意识虽然不必是死骨的迷恋,不过能只看前方的人是有福了。时候不早了,愿大家今夜好睡,为的明朝有好精神。夜安![4]

细察之下,这段文字颇能见出卞之琳受 T. S. 艾略特的深刻影响。就在写作此文的两年以前,卞之琳刚刚跨过二十五岁的门槛,曾应他的老师,也是艾略特在中国最早的知音叶公超之嘱,翻译了艾略特的著名论文《传统与个人的才能》(*Tradition and the Individual Talent*)。可想而知,当他译到其中这么一句话时,心中不会不深有所感:

> 历史的意识,对于任何想在二十五岁以上还要继续做诗人的差不多是不可缺少的。

现在,"历史的意识"这个片语又不期而然地浮现出来。这不会只是巧合,因为这段文字中两处"时候不早了"与最后的"夜安",也令人想起艾略特名诗《荒原》(*The Waste Land*)第二章末尾描写酒吧打烊、众女告别时不断重复的 It's time 和 good night。

卞之琳的诗思与诗艺深受艾略特的影响,已为评论者一致认同并多所举证。1933 年 7 月,卞之琳所写的《还乡》一诗,已逗出此中消息:诗行的快速前进模拟着火车的节奏,伴随了诗人意识的流动,"蒙太奇"(montage)一样剪辑拼合。其中反复出现的两行叠句:

四 卞之琳与艾略特与瓦雷里

> 眼底下绿带子不断的抽过去，
> 电杆木量日子一段段溜过去。

后面一句叫人联想起艾略特《阿尔弗瑞德·普鲁弗洛克的情歌》(*The Love Song of J. Alfred Prufrock*)中的诗句：

> 我用咖啡匙量走了我的生命；
> （I have measured out my life with coffee spoons ;）

赵毅衡、张文江就认为前者"可能化自"后者，而且和艾略特此诗也重复使用了一对叠韵相似，"这押韵双行段在全诗大致无韵的背景上形成一种大段旋环节奏"。[5]

汉乐逸和唐祈则一致认为，卞氏1937年的《车站》中的诗句：

> 我却像广告纸贴在车站旁。
> 孩子，听蜜蜂在窗内着急，
> 活生生钉一只蝴蝶在墙上
> 装点装点我这里的现实。

同《普鲁弗洛克的情歌》中的：

> 当我被公式化了，在钉针下趴伏，
> 当我被钉着在墙上挣扎，……
> （And When I am formulated, sprawling on a pin,

When I am pinned and wriggling on the wall,……)

非常相像,虽然卞诗又叫人想到庄子著名的蝶喻。[6]

此外,李广田指出卞氏《候鸟问题》最后三行与《普鲁弗洛克的情歌》著名的开头三行都用了相似的智性化意象。[7] 王佐良则比较了卞氏《归》的末句与《普鲁弗洛克的情歌》中的三行,都以道路喻示心理状态,显见吸收的痕迹而写得更为简约。[8]

有趣的是,评论者谈及卞之琳的诗所受艾略特的影响,多举《普鲁弗洛克的情歌》为证。其实,最集中反映这一点的,是卞氏《春城》一诗对艾略特《荒原》的技巧之借鉴。卞之琳1934年翻译《传统与个人的才能》,发表于该年5月1日出版的《学文》第一卷第一期上。而他写作《春城》的日期则在4月11日,应稍晚于文章的翻译。时间上的接近,说明卞氏这首诗受艾略特的启发有极大可能。

《春城》一诗,在自我意识的客观化与主体声音的对话化这两方面,呈现出了极端的复杂性。此诗一会儿是洋车夫们的调侃,一会儿是流行歌曲的滥调,一会儿是痛心疾首的愤世哀叹,一会儿又像是丧心病狂的自我释怀,乍看之下,完全处于失序状态,找不到一般的诗所要求的统一性。如果读者不重新调整自己的焦点,将全诗看似零乱的片断情境加以智性的观照,就无法读成一个整体,无法了解这些片断情境之间内在的密切呼应的关系。但是,对于熟悉了《荒原》的读者来说,这不是一个问题。《春城》本身隐藏了一句给读者的讯息:"那才是胡闹,对不住",这就像艾略特的《荒原》中也隐含了两处对读者的预警:"一堆破碎的印象"（a heap of broken images），"这些片断我用来支撑我的废墟"（These fragments I have shored against my ruins）。《春城》显然援引了《荒原》的"蒙太奇"手法，以内心的逻辑整合表面上零乱的场景与对话，而给读者的感觉也同样是：一个过于严肃而沉重的主题压塌了全诗而成碎片。

与《荒原》中城市的隐喻一样，卞之琳的《春城》描写的也是一座城市中人们普遍的精神麻木和堕落。千年的陈灰沿街滚扑，满城的古木徒然大呼，一如《荒原》中那些并无实体的城中弥漫着灰雾。"琉璃瓦"暗喻的昔日辉煌在"垃圾堆"中沦落，也似《荒原》里古希腊"白与金黄"的荣华蒙尘于弃满空瓶、废纸、烟屁股的河旁。诗人没有正面批评，只是将他的意见通过一系列事物和景象曲折地传达出来，这就是艾略特所谓"客观对应物"（objective correlative）的手法。

本质上说，这是一种戏剧化的方式。不过与结构整一的传统戏剧不同，"《荒原》是一连串的景象：既无情节，也无主角。实际的主角，或者说诗人，并不是一个人物。有时他是个沉默的听者，有时是一个声音在发问，却得不到响应，或只是隐密的响应"[9]。在《春城》相激相生的众声之中，更难指认哪一个是诗人的声音，作者的意见更隐遁莫辨。这种冷静客观、不落言筌的抒情方式，正符合《传统与个人的才能》中著名的论断："诗不是放纵情绪，而是逃避情绪，不是表现个性，而是逃避个性。"[10]

在语言和形式上，《春城》与《荒原》也有不少相似之处。像《荒原》掺杂了多种外语一样，《春城》也将古语（"悲哉！""归去也""故都故都奈若何"）、外语（"歇斯底里"）、京调（"瓦片儿""鸟矢儿""今儿""明儿")和俗曲("我是一只断线的风筝")冶于一炉。形式上两诗都是表面最散漫的自由诗。《荒原》在艾略特的全部诗作中诗行的长短最不均匀,《春城》也是卞之琳诗句最参差不齐的一首,长的一行十三个字,短的只有两个字。但是,两位诗人都同样刻意地经营诗的节奏和结构。

《荒原》结构之工,最为论者所称道。《春城》也以圆形而结构,起结都是一句"北京城:垃圾堆上放风筝"。全诗贯穿的是"风"与"灰""土"的意象,从风吹灰土铺天盖地而埋人的担忧,引出"坟""睡""发掘"的死亡意象,与此对比的是"花街""游春""看牡丹""看樱花"的春天意象。那些豪门的春梦,与底层"春梦做得够香"相呼应,合成北京这座没落的古城("千年的陈灰""满城的古木""老头子""当年事""故都故都""后世人")上上下下在日寇兵临城下的死亡威胁面前一晌贪欢的情景。通观全诗,语常不孤,义必有邻,看似杂乱无章,其实井然有序。

至于节奏,《春城》随着场景的转换和语气的变化,诗句进行的速度灵活地调配了情绪的张弛,而产生不同的变奏,这一点与《荒原》的音乐性也是异曲同工的。就连自由诗散中见整的押韵法,两首诗也十分相像。艾略特认为"没有诗是真正自由的",卞之琳对此表示赞同[11],说明两人确实都深谙写诗之道。

"四月是最残忍的一个月"。1934年的4月,卞之琳写作这首《春城》,脑中想必回响着《荒原》的这一名句。事实上,1933年到1936年间,艾略特几乎成为卞之琳心头徘徊不去的幽灵,主宰了后者的心智活动,散文《尺八夜》的影响痕迹,实属下意识的浮现。即如引发此文的《尺八》一诗,比散文早一年写成,又何尝不受艾略特的潜移默化:它的"自鉴于历史风尘满面的镜子"的历史感,它的主体意识的分化,它的"霓虹灯的万花间/还飘着一缕凄凉的古香"的"并置"(juxtapose)手法——用《尺八夜》中自嘲的说法是"杂凑""瞎凑",在在让人想起艾略特的诗。再联系同是1935年所写的《距离的组织》的灰色心境和智性化手法,我们完全可以认同穆旦的如下判断:艾略特等在一片"荒原"上苦苦繁殖,"把同样的种子移植到中国来,第一个值得提起的,自然是《鱼目集》的作者卞之琳先生"。[12]

但卞之琳与艾略特的相通相应可以说到此为止——虽然潜在的影响直到卞之琳五十年代初写《天安门四重奏》还有所反映。一些同样重要的歧异将他们分隔开。艾略特的诗受人诟病的地方,就在于有智而无趣,有感而无情,如果说这"情"与"趣"都应该带一点愉悦的因子的话。在三十年代中期偏重思维的情趣的卞之琳看来,艾略特要求穿透"大脑皮层、神经系统和消化道"[13]的诗,恐怕是"慧眼可怕"而非"灵心可喜"[14]。艾略特诗思偏于枯冷,意象更少丰腴,宜乎卞氏虽然"小孩子学老头子"(语出《春城》),却一试而不再试。《荒原》缺水而多风,可卞之琳却差不多叫着"许浑千首湿",特别是1937年春他离开北平南下,在西湖边写《装饰集》的时候,水的意象更流动在每一首诗中,化着"一清似水、光风霁月式境界"[15]。卞之琳与艾略特诗情之不同,只要对比后者"干""渴"的意象与前者"水"的意象,就思过半矣。

二

若论诗思的充盈，意象的丰腴，与卞之琳最相近的西方现代诗人是瓦雷里。度过了《春城》那个荒凉灰暗的四月，从1935年起，至1937年夏，卞之琳的诗丰硕而甘美，自成一个圆满的小世界，洋溢着真正的春天气息。用瓦雷里的散文诗《年轻的母亲》中的语句来形容，这个阶段乃处在他个人"最佳季节"，他的诗遂像一只"熟意毕露的橘子一样的丰满"。[16] 而在这些诗的酝酿过程中，瓦雷里的诗与思是起了至关重要的酵母作用的。

有很多显明的例证可以说明前者受到了后者的点化。卞之琳自认他的《鱼化石》中一句"我往往溶化于水的线条""令人想起瓦雷里的《浴》"，也自认《圆宝盒》的起句"我幻想在哪儿（天河里？）/捞到了一只圆宝盒"有意仿效了瓦雷里《失去的美酒》的开篇：

> 有一天我向海洋里
> （不记得在什么地方）
> 作为对虚无的献礼，
> 倒掉了宝贵的佳酿。

连括号的使用也如此逼肖。水的意象之外，还有果实。像卞之琳的下列诗句：

> 世界丰富了我的妆台，
> 宛然水果店用水果包围我。
>
> ——《妆台》

> 云在天上，熟果子在树上！
> 仰头想吃的，凉雨先滴他！
>
> ——《水分》

其实也是瓦雷里最爱用果实作为象征的下意识浮现。因此，三十年代中期卞之琳的一批最丰硕的成果中，灌注了他从瓦雷里那里吸取的思想与艺术的液汁。[17] 难怪，当他于八十年代访美的时候，交流研讨班上的学生问他最喜欢哪一个西方诗人，卞之琳毫不犹豫地回答说："Valéry。"[18]

卞之琳对瓦雷里的诗发生兴趣，最早是在 1930 年，起因于梁宗岱的译介。晚年的他曾经回忆道：

> 直到从《小说月报》上读了梁宗岱翻译的梵乐希（瓦雷里）《水仙辞》以及介绍瓦雷里的文章（《梵乐希先生》）才感到耳目一新。我对瓦雷里这首早期作品的内容和梁译太多的文言词藻（虽然远非李金发往往文白欠通的语言所可企及）也并不倾倒，对梁阐释瓦雷里以及里尔克的创作精神却大受启迪。[19]

最后这句话，对于理解卞之琳三十年代中期诗作的一个中心思想相当关键。1942年他在《福尔的〈亨利第三〉和里尔克的〈旗手〉》译序里说：

> 里尔克在1910年左右写的《布里格札记》里说的写一首诗要经过多久的准备，要经验、体会一切生活，然后才自然而然的迸发几行，这与瓦雷里在1920年光景发表的《棕榈》中以"忍耐"开始的那节著名的诗句，又能断然说风马牛不相及吗？[20]

卞之琳1937年所写的《白螺壳》，是这个密切相联系的思想序列所接上的牢固的一环。试对照卞氏提到的瓦雷里《棕榈》（*Palme*）中的那节诗与《白螺壳》的末节：

> Patience, patience,
> Patience dans l'azur!
> Chaque atome de silence
> Est la chance d'un fruit mûr!
> Viendra l'heureuse surprise：
> Une colombe, la brise,
> L'ébranlement le plus doux,
> Une femme qui s'appuie,
> Feront tomber cette pluie
> Où l'on se jette *à* genoux!

(梁宗岱语译：忍耐着呀，忍耐着呀，在青天里忍耐着呀！每刹那的沉默，便是每个果熟的机会！意外的喜遇终要来的：一只白鸽，一阵微风，一个轻倚的少妇，一切最微弱的摇撼，都可以助这令人欣然跪下的甘霖沛然下降！）

> 我梦见你的阑珊；
> 檐溜滴穿的石阶，
> 绳子锯缺的井栏……
> 时间磨透于忍耐！
> 黄色还诸小鸡雏，
> 青色还诸小碧梧，
> 玫瑰色还诸玫瑰，
> 可是你回顾道旁，
> 柔嫩的蔷薇刺上
> 还挂着你的宿泪。

诗思的一脉相承是一目了然的。"时间磨透于忍耐"一句，堪为瓦雷里《幻美集》（*Charmes*）作一题记。此中的"透"字，呼应了前面各节"穿""透""通""脱"诸字，喻示付诸艰苦的劳动而终于一旦贯通。用卞之琳《风灵》一诗译注中的话说就是："苦功通神。"[21] 《白螺壳》首节"我感叹你的神工，/你的慧心啊，大海，/你细到可以穿珠"，正是瓦雷里诗中反复申说的主题之一：

> 神工呢碰巧？
>
> ——《风灵》

> 使出苦炼的工夫
> 打通了珠宝的隔墙。
>
> ——《石榴》

> 微沫形成的钻石多到无数，
> 消耗着精细的闪电多深的工夫。
>
> ——《海滨墓园》

《白螺壳》和《棕榈》一样，都属于"沉默、忍耐，而终底于有所成的生命史"[22]的记录，亦可视为艺术创造的经验总结。卞之琳"喜爱淘洗，喜爱提炼，期待结晶，期待升华"的创作态度，其背后的理论支持主要就是瓦雷里的诗教。后者拒绝承认一般人乐道的灵感，只愿将它看做辛劳的馈赠，看做使熟透的果子坠落枝头时微风的偶然一触。上引《棕榈》那节诗，描叙沛然的甘霖摇落于某一最微弱的颤动，也成为卞之琳1937年的《雪》诗思之所本：

> 不知道六出花如何结晶，
> 只见从早起一天的郁抑，
> 到晚来一杯过饱和溶液！
> 还等一声椰冷然的敲击？
>
> 任大家欣赏它的沉淀，

> 欣赏它随后展开的晴明,
> 天无言。善哉你临风感拜,
> 虽然我瞥见你清泪盈盈。

这首《雪》与《棕榈》和《白螺壳》都有很直接的相似点："清泪盈盈"之于《白螺壳》的"宿泪","临风感拜"之于《棕榈》的"顶礼"。卞之琳深喜"结晶"与"沉淀"这一精神现象学的物理性比喻。他在1941年发表的小说《一元银币》中再次引用过这一说法："有如一杯过饱和溶液,经过碗边轻轻的一句敲击,起了沉淀作用,混沌中重见了结晶的颗粒——他太厚重了。"[23] 1943年在散文《惊弦记：论乐》中再一次引用过这一说法。[24]《雪》的凝结与消融的过程,同精神产品的创造相似,就像瓦雷里《石榴》的结子和开裂象征人的智力活动一样。毫无疑问,瓦雷里酷爱以诗来表现人的心灵史与生命史,这一点在卞之琳《白螺壳》与《雪》中有着明确的影响痕迹。

与创作精神有联系也有区别,瓦雷里晚期诗作中的人生哲学,汇同了其他渊源不同而实质无异的思想,影响到三十年代中期开始的卞之琳的人与诗。1936年《成长》一文中,他引瓦雷里《海滨墓园》中的名句——

> 像果实融化而成了快慰,
> 像它把消失变成了甘美
> 在它的形体所死亡的嘴里……

而品评道:"既然不免于一吃,何况(应作"妨")做一个可口的果子。"[25] 这就带出了他日后对人生之"得"与"失"的辩证关系的一再反思:

> 自然,基督教也明言想"得"的只有"失",可是"得"也应不致认为非。给了无所得,固然自强不息者也应不致认为失,可是给了且得了只有更增加、扩大和提高"给"。[26]

> 人生中之失,只要一表现在艺术里,无有不成其为得。[27]

写作《成长》之前的一个月,卞之琳发表了他译的瓦雷里《失去的美酒》。此诗"丢了酒,却醉了波涛"的精神奇迹也说明了寓"得"于"失"的思想。从这个思路上看卞之琳的以下诗句:

> 黄色还诸小鸡雏,
> 青色还诸小碧梧,
> 玫瑰色还诸玫瑰。
>
> ——《白螺壳》

> 天上星流为流星,
> 白船迹还诸蓝海。
>
> ——《路》

其中"还"的观念,实与佛家的色空观念有一点微妙的差别。"还"未必纯属对虚无的献礼,因为"还"了之后,一切都有所改观了。这个想法,在《鱼化石》和《妆台》中也有反映。"满足于被折如花,消失如影,被吞没如雪片入海"[28],卞之琳并非消极的人生观庶几近此。更积极一点,卞之琳说:

> 瓦雷里《海滨墓园》的主旨就是建立在"绝对"的静止和人生的变易这两个题旨的对立上,而结论是人生并无智性的纯粹,人死后并无个人的存在,因此肯定现时,肯定介入生活的风云。[29]

对这种人生哲学的深刻解悟,事实上也为卞之琳抗战爆发后的思想行为与艺术活动的变化作了充分的准备。

在艺术上,瓦雷里嘉惠于卞之琳者尤多。这可以分为两方面说,借用卞氏对瓦雷里晚期诗艺的概括性描述,"格律谨严而运用自如"是一方面,"形象生动、意味深长而并非没有逻辑"是另一方面。[30] 卞之琳1935年与1937年的诗,各自侧重于对其中一方面影响的接受:

> 我自己在抗日战争以前也曾套用了瓦雷里晚期常用的一些诗的形式,写过一两首诗,但内容完全是中国的,甚至是我国古意的翻新,与瓦雷里的诗内容并不相干。话又不能说得绝对化了。我更早以前偶尔套用过瓦雷里晚期一些诗的方式,不一定按格律形式,就有在内容上引起评论家议论纷纷,

终于自认失败的明显例子。[31]

卞氏没有点明具体是哪一些诗。下面笔者就按照时间的先后，征引卞之琳相关的诗例，对他所汲取的瓦雷里形式上和技巧上的两方面影响加以阐述。

1935年以《距离的组织》和《圆宝盒》为代表的极富理智之美的诗作，明显具有瓦雷里智性与感性交融的象征主义技法的影响。瓦雷里善于从心智出发，因意立象，为观念披上的意象的外衣甚至带一点肉感，然而仍不过是他思辨活动的感性载体。卞之琳剔除了瓦雷里从马拉美继承下来并加以发展的、萦心于"纯粹"与"绝对"的诗学中形而上的成分，而吸纳了以可感的文字为观念的结晶、对不同的意象作智性的胶合的写作方法，所以《距离的组织》与《圆宝盒》等诗，都用一系列繁富的意象来提示微妙的心智活动，在一个个意象脱离平常关系的跳跃联缀中展开情思的脉络，结果便导致了"晦涩"。

卞之琳与瓦雷里一样，认为"晦涩"如果不是作者没能解决创造的困难，就是读者没能解决接受的困难。在《关于〈鱼目集〉》一文中，卞之琳就《圆宝盒》说：

> 这首诗我相信字句上没有什么看不懂的地方，倘真如此，那就够了，读者去感受和体会就行了，因为这里完全是具体的境界，因为这首诗，果如你所说，不是一个笨谜，没有一个死板的谜底搁在一边，目的并不要人猜。[32]

在高度自觉的创造完成之后，瓦雷里也是这样，将严格的要求和充分的信任一齐给了读者：

> 我的诗具有人们借给它的意义的能力。我所赋予它们的意义，只适合于我自身，但却又不排斥别人。宣称所有的诗都应与一种意义，一种与作者的思想相适应的、真正的、唯一的、千篇一律甚至同一的意义相一致，不仅有违于诗的本质，而且简直是诗歌的死亡。[33]

诗歌死于将它改写成散文，这个意思卞之琳与瓦雷里是相通的。瓦雷里说："如果意义与声音（或者是内容与形式）很轻而易举地分开来，那么诗歌也便成了散文。"[34] 卞之琳则说："我以为纯粹的诗只许'意会'，可以'言传'则近于散文了。"[35]

卞之琳学习瓦雷里而"终于自认失败"，笔者以为，他是将原因归到读者一方的。根据可从1951年他的《关于"天安门四重奏"的检讨》一文找到。这个"检讨"依然故我地说"内容的线索在我自己是清楚的"，但问题是，"我当初以为《新观察》的读众大多数也就是旧《观察》的读众，只是刊物从本质上变了，读众也从本质上改造了"[36]。瓦雷里所拥有的读者群，卞之琳却不曾有过，至少是有过又失去，这是后者深刻的悲哀。

1935年的《距离的组织》和《圆宝盒》以及1936年的《鱼化石》等诗均非格律体，而诗思偏于玄奥；1937年的诗则大多采用格律形式，而理路较为清明，显示出卞之琳借鉴瓦雷里重心的转移。瓦雷里卓绝的形式感，对于卞之琳的吸引力并不在象征技法之下，结果就出现了一场智慧的角力：他袭用瓦雷里的形式写自己的诗。《白螺壳》套用了韵脚安排最复杂的《棕榈》一诗的形式。每节十行为 ABABCCDEED，兼用交韵、随韵、抱韵，极繁富工巧之至。这种因难而见巧的心理，也见于两年后卞之琳的《空军战士》对瓦雷里《风灵》形式的拟仿。卞之琳用每行两顿五个汉字，模仿瓦雷里诗的法语每行五音节，建构了一首同样的十四行，而又要凸显新诗与五言旧诗的本质区别，其难度实与《白螺壳》相当，惟一至简，一至繁耳。

卞之琳又用瓦雷里爱用的十四行体写出了精圆的《淘气》和《灯虫》。至于他所说的借瓦雷里的形式从事古意的翻新，无疑是指《妆台》，拟仿的对象应是瓦雷里的《脚步》（Les Pas），都是每首四节，每节四行，每行汉语四顿、法语八音节，只是没有于奇数行押韵，但卞氏的《水分》就在交韵这一点上也紧随《脚步》。卞之琳步趋瓦雷里的格律，踪迹历历可辨。

无怪乎卞之琳在《新译保尔·瓦雷里晚期诗四首引言》里，要为形式正名，要谈论格律对于诗的意义，要申说自由乃基于必然的认识。也无怪乎他更晚在纪念梁宗岱的文章中，表现出对瓦雷里这位中国弟子有关诗的见解的惺惺相惜。卞之琳特别引述了梁宗岱的下面一段话：

> 没有一首自由诗，无论本身怎样完美，能够和一首同样完美的有规律的诗在我们的心灵里唤起同样宏伟的观感，同样强烈的反应的。[37]

梁宗岱的这个说法，差不多是瓦雷里相关比喻的意译：

> 一百个泥像，无论塑得如何完美，总比不上一个差不多那么美丽的石像在我们的心里所引起的宏伟的观感。前者比我们还要易朽；后者却比我们耐久一点。[38]

在二十世纪自由诗一步步确立其主导地位的大趋势中，卞之琳所做的努力与瓦雷里近似。有论者说："正当大家力图把诗歌从形式的约束中解放出来的时候，瓦雷里却从这些约束中看到诗歌的本质；他正是利用这些约束把诗歌从内容的要求中解放出来。"[39] 这样的评语，完全适用于中国新诗发展中的卞之琳。

注　释

〔1〕赵毅衡：《组织成的距离——卞之琳与欧洲文士的交往》，《现代中文文学学报》第四卷第二期（2001年1月），第106—107页。

〔2〕凌越：《小诗中自有乾坤——柏桦访谈录》，《书城》，2002年第6期，第46页。

〔3〕卞之琳：《自序》，《雕虫纪历1930—1958》增订版，人民文学出版社，1984年，第16页。

〔4〕卞之琳：《尺八夜》，《沧桑集（杂类散文）》，江苏人民出版社，1982年，第7页。

〔5〕赵毅衡、张文江：《卞之琳：中西诗学的融合》，曾小逸主编：《走向世界文学：中国现代作家与外国文学》，湖南人民出版社，1985年，第499页。

〔6〕 Lloyd Haft: *Pien Chih lin: A Study in Modern Chinese Poetry*. Dordrecht-Holland, Cinnaminson U.S.A.: Foris Publications, 1983, p.58. 唐祈:《卞之琳与现代主义诗歌》,袁可嘉、杜运燮、巫宁坤编:《卞之琳与诗艺术》,河北教育出版社,1990年,第32页。

〔7〕 李广田:《诗的艺术:论卞之琳的〈十年诗草〉》,《诗的艺术》,上海开明书店1943年12月初版;香港汇文阁书店据1947年7月3版重印,第62页。

〔8〕 王佐良:《中国新诗中的现代主义——一个回顾》,《文艺研究》,1983年第4期,第30页。

〔9〕 Helen Gardner: *The Art of T. S. Eliot*. New York: E. P. Dutton and Co., Inc., 1959, p.89.

〔10〕 艾略特:《传统与个人的才能》,卞之琳译,《学文》第一卷第一期(1934年5月1日),第97页。

〔11〕 卞之琳:《新译保尔·瓦雷里晚期诗四首引言》,卞之琳编译:《英国诗选》,湖南人民出版社,1983年,第229页。

〔12〕 穆旦:《〈慰劳信集〉——从〈鱼目集〉说起》,1940年4月28日香港《大公报·文艺》。

〔13〕 T. S. Eliot: "*The Metaphysical Poets*", in *Selected Prose of T. S. Eliot*. edited by Frank Kermode. London: Faber & Faber, 1975, p.66.

〔14〕 卞之琳:《成长》,《沧桑集(杂类散文)》,江苏人民出版社,1982年,第14页。

〔15〕 卞之琳:《难忘的尘缘——序秋吉久纪夫编译日本版〈卞之琳诗集〉》,《新文学史料》,1991年第4期,第140页。

〔16〕 瓦雷里:《年轻的母亲》,卞之琳译,《西窗集》,商务印书馆,1936

年,第 32 页。
〔17〕一如艾略特的影响虽在五十年代也仍能从卞之琳诗作中看出来(如《天安门四重奏》这一诗名),瓦雷里在卞之琳五十年代诗中至少留下了一两行痕迹。《从冬天到春天》中的"苹果吃完了留身上,汗毛孔都有苹果香",显然化用了《海滨墓园》里的名句。
〔18〕木令耆:《湖光诗色——寄怀卞之琳》,袁可嘉、杜运燮、巫宁坤编:《卞之琳与诗艺术》,河北教育出版社,1990 年,第 154 页。
〔19〕卞之琳:《人事固多乖:纪念梁宗岱》,《新文学史料》,1990 年第 1 期,第 27 页。
〔20〕卞之琳:《福尔的〈亨利第三〉和里尔克的〈旗手〉》,《沧桑集(杂类散文)》,江苏人民出版社,1982 年,第 138 页。
〔21〕卞之琳编译:《英国诗选》,湖南人民出版社,1983 年,第 182 页。
〔22〕卞之琳:《福尔的〈亨利第三〉和里尔克的〈旗手〉》,《沧桑集(杂类散文)》,江苏人民出版社,1982 年,第 146 页。
〔23〕卞之琳:《一元银币》,《沧桑集(杂类散文)》,江苏人民出版社,1982 年,第 81 页。
〔24〕卞之琳:《惊弦记:论乐》,《沧桑集(杂类散文)》,江苏人民出版社,1982 年,第 101 页。
〔25〕卞之琳:《成长》,《沧桑集(杂类散文)》,江苏人民出版社,1982 年,第 18 页。
〔26〕卞之琳:《桑敦·槐尔德的〈断桥记〉》,《沧桑集(杂类散文)》,江苏人民出版社,1982 年,第 125 页。
〔27〕卞之琳:《凯瑟琳·坡特的〈开花的犹大树〉》,《沧桑集(杂类散文)》,江苏人民出版社,1982 年,第 128 页。
〔28〕卞之琳:《成长》,引英国小品家洛庚·史密士(Logan P·Smith)语,《沧桑集(杂类散文)》,江苏人民出版社,1982 年,第 18 页。

〔29〕卞之琳：《新译保尔·瓦雷里晚期诗四首引言》，卞之琳编译：《英国诗选》，湖南人民出版社，1983年，第232页。

〔30〕卞之琳：《新译保尔·瓦雷里晚期诗四首引言》，卞之琳编译：《英国诗选》，湖南人民出版社，1983年，第230页。

〔31〕卞之琳：《新译保尔·瓦雷里晚期诗四首引言》，卞之琳编译：《英国诗选》，湖南人民出版社，1983年，第231页。

〔32〕卞之琳：《关于"你"》，天津《大公报·文艺》，1936年5月10日。

〔33〕瓦雷里：《论〈幻魅集〉》，《瓦雷里诗歌全集》，葛雷、梁栋译，中国文学出版社，1996年，第277—278页。

〔34〕瓦雷里：《关于〈海滨墓园〉的创作》，《瓦雷里诗歌全集》，葛雷、梁栋译，中国文学出版社，1996年，第291页。

〔35〕卞之琳：《关于〈鱼目集〉》，天津《大公报·文艺》，1936年5月10日。

〔36〕卞之琳：《关于"天安门四重奏"的检讨》，《文艺报》三卷十二期（1951年4月10日），第32页。

〔37〕卞之琳：《人事固多乖：纪念梁宗岱》，《新文学史料》，1990年第1期，第28页。

〔38〕梁宗岱：《保罗·梵乐希先生》，《诗与真》，上海商务印书馆，1935年，第23页。

〔39〕评论家皮埃尔·吉罗语，引自郑克鲁：《法国诗歌史》第十八章，上海外语教育出版社，1996年，第290页。

五 异性情结与异国情调：论何其芳

在何其芳的前期作品，主要是诗集《预言》与散文集《画梦录》里，对女性的企慕与对异国的向往都有着非常明确的表现。因此，我想用"异性情结"与"异国情调"来指称何其芳诗文的两个重要特点。它们经常混合在一起发生作用，对"此地""此身"的现实缺憾进行补偿，并构成他的"梦"的重要内容，同时，还深深影响到他的文学品质及语言风格。

一

设若少女妆台间没有镜子，
成天凝望着悬在壁上的宫扇，
扇上的楼阁如水中倒影，
染着剩粉残泪如烟云，
叹华年流过绢面，
迷途的仙源不可往寻，
如寒冷的月里有了生物，
望着这苹果形的地球，

> 猜在它的山谷的浓淡阴影下，
> 居住着的是多么幸福……

这是何其芳写于 1934 年 10 月的一首小诗，题为《扇》。诗中那"寒冷的月里"的"生物"，自然令人联想到李商隐的《嫦娥》："云母屏风烛影深，长河渐落晓星沉。嫦娥应悔偷灵药，碧海青天夜夜心。"嫦娥的悔心是为了什么呢？照何其芳看来，乃是远离了人间的幸福，因为晚年他"本其意而加以发挥"了李商隐的名作："青天碧海太凄凉，不死常娥日月长。何似人间儿女好，悲欢聚散俱如狂。"（《青天》）[1]

但是，这首《扇》的易于识别的古典意象之外，还隐藏着一个西方文学的背景。孤独的少女远眺人寰，"猜在它的山谷的浓淡阴影下，居住着的是多么幸福……"这是莎士比亚早期传奇剧《暴风雨》（The Tempest）中的女主角美鸾达（Miranda）的心思的写照。美鸾达三岁时随父亲米兰大公普洛斯毕罗（Prospero）被放逐到一个海岛上，十二年里未尝见过生人。但是她的善良使她看见海上那些受难的人们，自己的心也在受难。而且在她眼里，人类尊贵的美丽，望之简直俨如神灵。最后，在一个喜剧性的结局中，她回到了那个"美丽新世界"，成为幸福的"人间儿女"。

何其芳非常熟悉并喜欢这出《暴风雨》。1929 年夏天他在上海，生平第一次购买的英文原版书就是《暴风雨》。还在上大学预科，他已对此书狠下了一番阅读理解功夫。"他很喜欢这部浪漫喜剧，喜欢其中动人的浪漫情调，吸引人的浪漫色彩，迷人的浪漫想象和梦幻的仙话。他喜欢米兰公的独女美鸾达。"[2] 处在孤独寂寞中的他，内心每自拟为海上的岛民。作为《画梦录》代序的一篇散文《扇上的烟云》，以《扇》这首诗开头，文中自称"一片风涛把我送到这荒岛上，我是很久很久没有和人攀谈了"。这似乎是父亲普洛斯毕罗的语调了，可是全文占主导地位的，却显然是美鸾达式的语言：

> 我倒是喜欢想象着一些辽远的东西，一些不存在的人物，和许多在人类的地图上找不出名字的国土。我说不清有多少日夜，像故事里所说的一样，对着壁上的画出神遂走入画里去了。

事实上，何其芳关于自我身份的想象，常常混同了不同的性别。在《风沙日》一诗里，他说：

> 放下我的芦苇帘子，
> 我就像在荒岛的岩洞里了。
> 但我到底是被逐入海的米兰公，
> 还是他的孤女美鸾达？
> 美鸾达！我叫不应我自己的名字。
> 忽然狂风像狂浪卷来，
> 满天的晴朗变成满天的黄沙。
> 这难道是我自己的魔法？

"我到底是被逐入海的米兰公，还是他的孤女美鸾达？"这一自我设问很有意思。接下来的四行，在显意识的层面作者必须自我验明正身，叫不应美鸾达这一女性化的"我自己的名字"自属当然；但在潜意识的层面他又遗憾于自己不是美鸾达，"难道是"三字分明透露出其中消息，似乎为自己是那会魔法的米兰公普洛斯毕罗而感到惊讶。

一个被放逐的孤独的男子的自我想象，加上普洛斯毕罗会魔法而何其芳从小就喜欢魔法（参见《画梦录》中《魔术草》一文），使何其芳自拟为普洛斯毕罗一点都不难理解。问题在于，他为何自拟为美鸾达？在《风沙日》迷乱的白日梦中，诗人似乎也迷失在自己的性别角色之中了。"我正想醒来落在仙人岛边/让人拍手笑秀才落水呢。""我又想我是一个白首狂夫，/披发提壶，奔向白浪呢。"好像作者已经自我定位为男性了——

> 但让我听我自己的梦话吧！
> ……Maidens call it love-in-idleness
> 不要滴那花汁在我的眼皮上，
> 我醒来第一眼看见的
> 可能是一匹狼，一头熊，一只猴子……

"Maidens call it love-in-idleness"（女士们叫它三色堇），是莎士比亚《仲夏夜之梦》里精灵国国王奥布朗的台词。他要将那花汁滴在王后提妲丽亚的眼皮上，这样她醒来后就会爱上她第一眼看见的东西，不管那是狮子、熊，还是猩猩。这句英文从出处看固然是男性话语，可是何其芳已经将其变成"我自己的梦话"，而做梦的正是王后提妲丽亚。如果说梦是下意识的表现，则何其芳在梦中的自我身份还是一位女性。

　　现代心理学家普遍认为，人的情感和心态总是同时具有两性的趋向，也就是说，每个人都或隐或显地天生具有某些异性的特质。[3] 容格（Carl Gustav Jung）用"阿尼姆斯"（Animus）与"阿尼玛"（Anima）这对阴阳两极的原型来说明人类心灵的两重性："不管是在男性还是在女性身上，都伏居着一个异性形象。"[4] 由这种"双性人格"说，女性主义文评更发展出诡谲的"雌雄同体"（androgyny）的观念。人类的性别取向，本不受先天的生理的规限，其潜在的异性气质虽被日常经验所压抑，但分裂的另一性的自我每欲在深层次的意识中寻求实现，而不自觉地流露出某种女性的男性化意态，或男性的女性化情思。从上述的例证分析来看，何其芳笔下不经意地浮现出来的，是否正是这一"双性人格"甚至"雌雄同体"的倾向呢？

　　说明这一点，在作者并不算尴尬，在论者也并非亵渎，因为根据当代心理批评，双性人格才是较健全的、也更理想的人格。我们至多会像弗吉尼亚·吴尔芙那样去谈论何其芳："在我们时代，普鲁斯特是十足的雌雄同体，没准女性气质稍多一点。"[5] 何其芳情愿美鸾达是"我自己的名字"，当然是这"稍多一点"的女性情思。我们还可以举一个例子来支持有关何其芳双性人格的判断。易装的举动，作为一种潜在欲望的表达，总是这种双性人格明确无误的征象。在何其芳的散文《楼》里，作者说：

　　　　我有几个得意的题材，几时来编成故事流传后世。其一是疯子。不知怎的我对于那种披发发狂的人很向往。其次大概是个女扮男装的美女子,很早就牵引了我的想象,自从小时候起,从老仆人的口中,听了那个流传民间的祝英台的故事。

女扮男装的祝英台,自小时候起就牵引了他的想象,也证明何其芳自我的性别认同问题很早就存在。因为"在每一个有换装癖的男人体内,都有一个女人在竭力表现自己"[6]。

何其芳的"异性情结",在《预言》与《画梦录》里表露无遗。他最温柔而不能自已的遐思,总是属于玲玲(《花环》)、铃铃(《墓》)、眉眉(《月下》)、年轻的美丽的姑姑(《哀歌》)、寂寞的思妇(《秋海棠》)、苍白的修道女(《静静的日午》),等等。也是在《扇上的烟云》一文里,他写道:

> 但是,在那边,有一幅美丽的少女的侧面剪影。暮色作了柔和的背影了。于是我对自己说,假若没有美丽的少女,世界上是多么寂寞呵。因为从她们,我们有时可以窥见那未被诅咒之前的夏娃的面目。

这些话语,自然让人联想起《红楼梦》里的贾宝玉:他"料定天地间灵淑之气只钟于女子"(第二十回),可是这些女子"一嫁了汉子,染了男人的气味"就"混账起来"(第七十七回)。后面这意思若换了何其芳的说法,就是夏娃受了上帝的诅咒。[7]

事实上,在何其芳与贾宝玉之间,恰恰可以建立起某种联系。

五十年代在批判俞平伯《〈红楼梦〉研究》的浪潮中，何其芳所写的论文，读起来别有意趣。他写道，当曹雪芹意识到自己的阶级和自己都没有出路——

> 在这样的心情中，带有佛教思想的"色""空"或者"梦幻"的传统思想就极其自然地来到了他的头脑里。而这也就在他的伟大的现实主义的作品上投下了一些薄雾似的哀愁的影子。贾宝玉并不就是少年曹雪芹，然而，在这样一个人物身上，作者的确是寄托了他的欢乐和痛苦、理想和绝望的。贾宝玉，由于他的年龄和环境，由于他全部否定了他那个阶级的"上进的道路"，而且在同性之中找不到一个真正的知己，他的丰富的感情就不能不倾注到一些天真可爱的少女身上……[8]

头脑中的"梦幻"，作品上的"薄雾似的哀愁的影子"，正是昔年《画梦录》的语汇（比如《哀歌》开头一段）。贾宝玉并不就是曹雪芹，何其芳也并不就是贾宝玉，但评论文字与创作一样可以有所"寄托"。不然何其芳不会论《红楼梦》而那么动情，"好像回复到少年时候"[9]；也不会对俞平伯将贾宝玉编排为"憎恶女性者"那么不满[10]。不妨将他对林黛玉的赞词与前引《扇上的烟云》里的话语相对照：

> 即使将来我们在生活中不再需要用这个共名，这个人物仍然会永远激起我们的同情，仍然会在一些深沉而又温柔地

爱着的少女身上看到和她相似的面影。[11]

直到晚年，何其芳的"异性情结"未尝稍解。最能说明问题的是，自1976年9月5日梦中得句"蛾眉皓齿楚宫腰"后，两周内他一连写下八首绝句，一一追忆了虞姬、嫦娥、但丁的裴阿特丽采、歌德的格丽卿以及黎明女神奥罗拉等等曾经引领他灵魂上升的"永恒之女性"。请注意这些"杂诗"的写作时间恰好与下面的日子相重合：1976年9月9日毛泽东逝世，至9月18日举行全国追悼会。也就是说，当此红太阳陨落的非常时期，何其芳犹在"晓月残"时（这些诗几乎都写于凌晨）书写其个人的私密话语，悄然而颂红妆。足见诗人的情思一旦溃决，其泛滥而不能自遏，与低回而不能自已。在何其芳生涯的尽头，转用他自己的诗语说，他想的是："埋我繁葩柔蔓下，缠身愁恨尽湮沦。"（《平生》）

二

在何其芳一系列的白日梦中，抒情主人公当下的意识总是不由自主地滑向另一时空：不是古代中国的宫廷或闺阁、华筵或清斋，就是西洋中世纪的城堡或修道院，而尤以后面一种富于双重异质性的想象更能牵动他的心灵。在《炉边夜话》一文中，他曾将这一倾向称之为"缥缈的向往"：

> 我真愿我生在另外一个地方呵。我尊敬这里的一切，但总觉远远处我的乡土在召唤我，我灵魂的乡土。"人"如植物

一样，有它适宜的分布的地图，而"生"却如栽种的手一样盲目，于是我们先天的就有地域错误的不幸了。

正因为如此，在《预言》与《画梦录》里，我们随处可以见到一种"异国情调"，它与"异性情结"一样，成为何其芳写作的重要特色。

余光中曾就何其芳的《哀歌》中一段文字评道："他的散文，好处是观察细腻，富于感性与想象，缺点是太不现实，既少地方色彩，也乏民族背景，读来恍惚像翻译。"[12] 事实上，何其芳的题材并非没有具体的时间与地点，只不过他天生具有一种堂吉诃德式的能力[13]，呼应着他"灵魂的乡土"的"召唤"，把一种现实想象成另外一种现实，用异国风物置换掉眼前的真实世界。也以《哀歌》为例，作者回忆起他第三个姑姑：

> 低头在小楼的窗前描着花样；提着一大圈钥匙在开箱子了，忧郁的微笑伴着独语；坐在灯光下陪老人辈打叶子牌，一个哈欠。和我那些悠长又简单的童时一同禁闭在那寨子里。

可是现实到此为止，风车很快就变成了巨人：

> 高踞在岩上的石筑的寨子，使人想像法兰西或者意大利的古城堡，住着衰落的贵族，和有金色头发或者栗色头发的少女，时常用颤抖的升上天空的歌声，歌唱着一个古传说，充满了爱情和哀愁。远远的，教堂的高阁上飘出洪亮，深沉，

仿佛从梦中惊醒了的钟声，传递过来。但我们的城堡是充满着一种声音上的荒凉。

这个例子更说明一点，即何其芳的"异国情调"经常与他的"异性情结"纠缠在一起而发生作用。有关美鸾达的自我认同已经典型地表现出这种并发症：何其芳深深感受到的，乃是"地域错误"与"身份错误"的双重"不幸"。《哀歌》开头有一段话是集中的体现：

> 阿德荔或者色尔薇。奥蕾丽亚或者萝拉。法兰西女子的名字是柔弱而悦耳的，使人想起纤长的身段，纤长的手指。西班牙女子的名字呢：闪耀的，神秘的，有黑圈的大眼睛。我不能不对我们这古老的国家抱一种轻微的怨恨了，当我替这篇哀歌里的姊妹选择名字，思索又思索，终于让她们为三个无名的姊妹。三个，或者七个，不吉祥的数目，梅特林克的数目。

作者的抱怨是可以理解的。一个本国女子的总是熟悉的名字，缺少某种能够唤起神秘与美的距离感。从另一个角度看，诚如顾彬（Wolfgang Kubin）所说的："对'异国主义'者来说，异国女人显得更为重要"，"世界上最神秘的异国也就是女人世界"。[14] 萨义德曾经以福楼拜为例，论证了十九世纪欧洲作家有关东方的书写，总是将异国与异性编织到一起。[15] 何其芳的西方想象，与此性质相同而方向相反，也不时表现出一种沉溺于异性幻想的逃避主义,一种带肉欲的异国情调。

当然,何其芳作品中的女性,具古典韵味者远过于有西洋情调。但即使是某些爱情的呢喃话语,也会间或出现西方文学的点缀。《墓》中的少年给农家的女孩铃铃说起安徒生的美人鱼童话,他的眼睛放出异样的光,"如从 Paradise 发出的";《秋海棠》里边映衬着思妇的天空中,星星就像是"白色的小花朵从天使的手指间洒出来";《圆月夜》里与玲珑的阑干相随的,是睡莲和海藻的意象,是"你的声音柔美如天使的手臂,/触着每秒光阴都成了黄金"。这些细节,都透露出何其芳文字技巧的欧化倾向。再举一个例子,他总是喜欢那个牧羊女的想象:"随着羊铃声转入深邃的牧女的梦。"(《墓》)"谁的流盼的黑睛像牧女的铃声/呼唤着驯服的羊群,我可怜的心?"(《季候病》)"秋天梦寐在牧羊女的眼里。"(《秋天》)而余光中就对"通篇的感受都是中国乡土的风味"却出现"略带一点异国情调"的牧羊女稍感惋惜。[16]

何其芳自己承认:"我企图以很少的文字制造出一种情调。"[17]李健吾也曾指出:"他用技巧或者看法烘焙一种奇异的情调。"[18]有时是一个小故事,有时是一个比喻,一个典故,就足以引起许多关于异域的联想了,所以何其芳的秘诀在于点到即止,而且不去说破。比如《扇上的烟云》一文,他的典型的表述是这样的:

> 我刚倾听了一位丹麦王子的独语……
> 以此长久不能忘记一位匈牙利作者,他的一篇文章里有了两个优美的比喻……

> 我抬起头,望着天边的白烟,又思索着那写过一个故事叫做"烟"的人的一生。

他不会直说哈姆雷特或屠格涅夫。这在何其芳已经成为一种修辞的习癖,使得他宁说"那位十八世纪的神秘歌人"也不直说布莱克(《〈燕泥集〉后记》);宁说"那位出名的波斯女子"也不直说《一千零一夜》的山鲁佐德(《楼》);宁说"我又读过一本书,三位年青漂亮的俄国小姐住在乡下,常喊着要到她们从前住过的那个大都会去,但总没有去",也不明明白白地说出契诃夫的《三姊妹》(《静静的日午》)。

为什么何其芳要如此故弄玄虚地姑隐其名呢?用他自己的话说,"我的思想空灵得并不归落于实地"(《岩》);"我不是从一个概念的闪动去寻找它的形体,浮现在我心灵里的原来就是一些颜色,一些图案"(《梦中道路》)。"异国情调"从来就是一种乌托邦的幻想,是心灵的朦胧愿望,恰恰不具有真正的形体,不需要归落于实地。一旦加以精确的语言和理性的验证,便会破坏掉那种"情调"。所以,何其芳诗文中的"异国情调"只能是背景音乐式的存在,只合以"飘忽的心灵的语言"书写,它必须抽掉现实感。

三

弗洛伊德在《作家与白日梦》中说:"我们可以确定,一个幸福的人从不幻想,只有未得到满足的人才这样做。幻想的动力是未被满足的愿望,每一个单一的幻想都是愿望的满足,都是对令人不满意的现实的纠正。"[19] 何其芳沉溺于幻想的写作,如他所说,无非是给自己制造的寂寞的玩具。他对自我的精神分析,有时很到位:

> 我是一个多梦的人。罗曼·罗兰说:"人的精神上有这样大的对于幸福的渴望,当实际上没有可享时,那就一定要想法来创造。"当创造也不可能的时候,人有时就用梦来代替。而且我这并不是一种比喻的说法,我是指那种在黑夜的睡觉里出现的真梦。[20]

到可能创造的时候,他就给自己"画梦";而他所画的梦中那些"异性情结"与"异国情调",从根本上说,都起因于对此地与此身的现实的不满。

何其芳自称"我不是在常态的环境里长起来的"(《〈刻意集〉序》),他在很多文章里,都回忆了自己天地狭小、生活单调的孤独的童年。在一个城堡里先后关闭了五六年,"冰冷的石头;小的窗户;寂寞的悠长的岁月"。又曾在外祖母家寄居了很久,"那缺乏人声与温暖的宽大的宅子使那些日子显得十分悠长,悠长"(《我们的城堡》)。这令人窒息的环境养成了他喜欢独语和幻想的天性。而在另一方面,他从小又处在众多女性的包围中。他是家庭的长子,下面是四个妹妹。他的家族中,有三个姑姑,两个姨妈,加上母亲、外祖母,以及张姓和王姓的女佣,她们全都疼爱他。[21] 在《独语》中,何其芳不由感叹道:

> 唉。我尝自忖度:那使人类温暖的,我不是过分缺乏了它就是充溢了它。两者都足以致病的。

而"异性情结"与"异国情调",正是所"致"之"病":那充溢者造成他对于异性的企慕,那缺乏者唤起他对于异国的向往。

"异性情结"的生成,当然植根于一个人的童年经验。弗洛伊德说:"男人在幼儿时代受到其母亲或其他女性照顾时的情爱,总会出现于日后的记忆中,这本身就是一股强大的力量,导引他们去接近女人。"[22] 贾宝玉在"内帏厮混"久了,就"原有些女儿气",以至于有一次龄官会误认他叫"姐姐"。他给北静王起的名字"水溶",事实上反映了自己潜意识的易性渴望:自恨不是那"水做的骨肉"。对自己生理上性别的不满,于是心理上产生转变成女性的愿望,因为那是一个更优越、更富吸引力的性别。何其芳对于异性的企慕,正与贾宝玉极为相似:惟因自我的完整具足是一个梦幻,所以深陷于那同体而异质的"他者"而不能自拔。何其芳承认自己在很长时间里所做的梦,内容无非是"一片发着柔和的光辉的白色的花,一道从青草间流着的溪水,或者一个穿着燕子的羽毛一样颜色的衣衫的少女"[23]。

"异国情调"在何其芳,也是梦的一种。莱夫(Wolfgang Reif)在《对文明的逃避和文学梦想》中说:"异国题材作家制造出一些图象,它们作为作家内心的投影被用来补偿他所处的令人感到陌生的自我和现实环境。……异国题材作家离开近在咫尺的现实,把自己理想的正面图象投向远方,同时在某种程度上把它当作他所处的现实环境的负面……"[24] 弗朗西斯·约斯特(Francois Jost)也认为:"人总是或多或少地对自己的命运感到不快。无论他耕耘的土地是何等肥沃,他总梦想着另外一个领域。他梦想失去的乐园和过去的黄金时代,梦想得到完全的幸福,他执意追求并希望能在他自己或一位诗人创造出来的某个荒岛上发现这种幸福。"[25] 尽管过去的生活绝非黄金时代,何其芳却说"许久来我悲哀得很神秘,仿佛徘徊在自己的门外,像失掉了乐园的人"(《魔术草》)。他萦绕于心的想象正是一座荒岛。《扇上的烟云》中他自拟为被一片风涛送到荒岛上的普洛斯毕罗与美鸾达,只是其中的一例。此外如《炉边夜话》里"长春的岛屿",和《秋海棠》里"青葱的岛屿",无不寄寓了他的幸福的梦想。

原因如此,那么结果又是怎样呢?我们看到,"异性情结"的柔靡,"异国情调"的恍惚,不仅构成何其芳的"梦"的重要内容,也从根本上影响了他的文体与风格。质言之,前者使其文学品质近于"词",后者使其语言风格近于"译"。

十年前,叶嘉莹在其极富启发性的长篇论文《论词学中之困惑与花间词之女性叙写及其影响》中,借用西方女性主义文评的观点,对古典词的美学特质做了一番溯本穷源的探讨。她的结论是,与相对明晰而规整的诗语相比较,含混而破碎的词近于一种女性语言。起因在于词最初的功用是佐筵侑酒的艳歌,由男性作者效仿女子口吻叙写闺阁情思,在此过程中,具有"双性人格"的男性作者常怀的逐臣之慨,转化成弃妇之怨而曲尽其妙,终形成词的要眇宜修的特质。[26]

何其芳曾经说他早年的阅读多集中于诗歌和故事的美妙文字,它们使自己的肠胃变得娇贵:

> 我读着晚唐五代时期的那些精致的冶艳的诗词,蛊惑于那种憔悴的红颜上的妩媚,又在几位班纳斯派以后的法兰西诗人的篇什中找到了一种同样的迷醉。[27]

所谓"晚唐五代时期"的"诗词",显然偏义在"词",也就是叶嘉莹重点讨论的花间词。阅读的潜移默化看来起了明显的效果,何其芳自承在《画梦录》里(其实也包括在《预言》里)"把感情束得细细的像古代美女的腰肢"[28],所以他经常不自觉地用标准的填词手法来写诗作文。比如本文开头所引的小诗《扇》,是"设若"一个"少女"的情思之叙写,是代拟女性口吻说话的词的传统在现代的延续。又如《休洗红》,诗名来自乐府歌辞,内容则以第一人称仿写一位罗衣褪色的少妇的哀怨,"我慵慵的手臂欲垂下了","我的影子照得打寒噤了",形态酷似而情思逼肖那些花间词的女主角。《画梦录》中的一篇《秋海棠》,通篇写一寂寞的少妇之所思所感,外表虽是散文的形式,内里却是词的精神。试看下面一段:

> 如想得到扶持似的,她素白的手抚上了石阑干。一缕寒冷如纤细的褐色的小蛇从她的指尖直爬入心的深处,徐徐的纤旋的蜷伏成一环,尖瘦的尾如因得到温暖的休憩所而翘颤。阶下,一片梧叶悄然下堕,她肩头随着微微耸动,衣角拂着阑干的石棱发出冷的轻响,疑惑是她的灵魂那么无声的坠入黑暗里去了。

如此体贴入微的感觉,恍然不辨其为角色(persona)还是作者所有。这是典型的阴性书写,其中潜隐的"美人迟暮"的意蕴乃近于词。在这类代拟的情况下,作者的身份本来就会发生转移,何况何其芳生性具有"双重人格"。他的女性气质,不仅表现在这些以第一人称自托为女子的诗文中,也体现在以女子为爱情对象的二、三人称的书写上。他细腻的写法,致使其语言含混而破碎,李健吾就说过:"每次我读何其芳先生那篇美丽的《岩》,好像谛听一段生风尼,终于零乱散碎,嘎然而止。"[29] 这正是女性语言的特征。评论者都说何其芳的文字吸收了中国古典文学的营养,不免稍嫌笼统。准确地说,他的"精致"是因为具有词一般的美学品质。

可是另一方面,由于他对"异国情调"的沉湎,他的文字又不时显示出翻译的味道。前面已经提到过何其芳文字的欧化倾向,但是他的问题不只是中文里搀杂英文,或使用西洋文学典故那么简单,他的欧化有时是浸到骨子里去的。如他的诗《于犹烈先生》:

> 于犹烈先生是古怪的。
> 一下午我遇见他独自在农场上
> 脱了帽对一丛郁金香折腰。
> 阳光正照着那黄色,白色,红色的花朵。
> "植物,"他说,"有着美丽的生活。
> 这矮小的花卉用香气和颜色
> 招致蜂蝶以繁殖后代,

>而那溪边高大的柳树传延种族
>却又以风,以鸟,以水。
>植物的生殖是它的死亡的准备,
>没有节育,也没有产科医院。"
>……

这位"于犹烈先生"实在不像一位中土人士,虽然从名字上推测是古已有之,但那脱帽鞠躬的举止,那"植物的生殖是它的死亡的准备"的生物学知识及说话口吻,乃至于"农场""郁金香""产科医院"等新鲜的事物,使整首诗读起来就像是戴望舒翻译的法兰西诗人耶麦(Francis Jammes)的作品。

所以李健吾说:"像他这样的散文家,会有句句容人深思的对话,却那样不切说话人的环境身份和语气。他替他们想出这些话来,叫人感到和读《圣经》一样,全由他一人出口。"[30] 读《画梦录》,其中很多地方,听上去像是外国故事里才有的人物的话语。比如《墓》是写一个农家女孩的"美丽的夭亡",里面的少年居然这样对她说:"我有没有这样的荣幸,和你说几句话?""但要请求你很大的宽恕,我从前竟没有认识你。"而她也会这样要求他:"给我讲一个故事,要比黄昏讲得更好。"何其芳念念不忘的是那种牧歌情调,所以他即使讲起古代的中国故事,也用了典型的翻译腔。

无怪乎余光中要批评何其芳的文笔西而不化。他具体引述了《哀歌》的开头数句:"像多雾地带的女子的歌声,她歌唱一个充满了哀愁和爱情的古传说,说着一位公主的不幸,被她父亲禁闭在塔里，因为有了爱情。"长长的欧化造句已经模糊了意义的边界。当然，如果要求以语义的明晰与语法的规整来要求何其芳，有时确实是缘木求鱼。他的"异国情调"与"异性情结"，毕竟是经常混合着而起作用的。

注　释

〔1〕何其芳：《杂诗十六首》，《何其芳文集》第一卷，人民文学出版社，1982年，第356页。

〔2〕方敬、何频伽：《何其芳散记》，四川教育出版社，1990年，第31页。

〔3〕参见蔼理士《性心理学》第五章，潘光旦译，生活·读书·新知三联书店，1987年；加斯东·巴什拉《梦想的诗学》第二章，刘自强译，生活·读书·新知三联书店，1996年。

〔4〕容格：《心理学与文学》，冯川、苏克译，生活·读书·新知三联书店，1987年，第78页。

〔5〕维吉尼亚·吴尔芙：《自己的一间屋》，《吴尔芙随笔全集》第二卷，中国社会科学出版社，2001年，第584页。

〔6〕玛丽·雅各布斯：《阅读妇女〈阅读〉》，张京媛主编：《当代女性主义文学批评》，北京大学出版社，1992年，第32页。

〔7〕"我必多多加增你怀胎的苦楚，你生产儿女必多受苦楚。你必恋慕你丈夫，你丈夫必管辖你。"见《旧约·创世纪》第三章十六节。

〔8〕何其芳：《没有批评就不能前进》，《何其芳文集》第五卷，人民文学出版社，1983年，第36—37页。

〔9〕何其芳：《论〈红楼梦〉》，《何其芳文集》第五卷，人民文学出版

社，1983年，第188页。
〔10〕何其芳：《没有批评就不能前进》，《何其芳文集》第五卷，人民文学出版社，1983年，第34—35页。
〔11〕何其芳：《论〈红楼梦〉》，《何其芳文集》第五卷，人民文学出版社，1983年，第210页。
〔12〕余光中：《早期作家笔下的西化中文》，《分水岭上》，纯文学出版社，1981年，第131页。
〔13〕何其芳：《一个平常的故事》，《何其芳文集》第二卷，人民文学出版社，1982年，第218页。何其芳曾自喻为"年幼的堂吉诃德"。
〔14〕顾彬讲演、曹卫东编译：《关于"异"的研究》，北京大学出版社，1997年，第46页、第124页。
〔15〕爱德华·W·萨义德：《东方学》，王宇根译，生活·读书·新知三联书店，1999年，第238—246页。
〔16〕余光中：《评戴望舒的诗》，黄维樑、江弱水编：《余光中选集·三·文学评论集》，安徽教育出版社，1999年，第197—198页。
〔17〕何其芳：《〈还乡杂记〉代序》，《何其芳文集》第二卷，人民文学出版社，1982年，第127页。
〔18〕李健吾：《〈画梦录〉——何其芳先生作》，《李健吾文学评论选》，宁夏人民出版社，1983年，第130页。
〔19〕弗洛伊德：《论文学与艺术》，常宏等译，国际文化出版公司，2001年，第101—102页。
〔20〕何其芳：《饥饿》，《何其芳文集》第二卷，人民文学出版社，1982年，第244页。
〔21〕方敬、何频伽：《何其芳散记》，四川教育出版社，1990年，第1—21页。
〔22〕弗洛伊德：《性学三论》，《性爱与文明》，滕守尧译，安徽文艺出版

社，1987年，第119页。

〔23〕何其芳：《一个平常的故事》，《何其芳文集》第二卷，人民文学出版社，1982年，第217页。

〔24〕顾彬讲演、曹卫东编译：《关于"异"的研究》，北京大学出版社，1997年，第124页。

〔25〕弗朗西斯·约斯特：《比较文学导论》，廖鸿钧等译，湖南文艺出版社，1988年，第162页。

〔26〕叶嘉莹：《论词学中之困惑与花间词之女性叙写及其影响》，《迦陵论词丛稿》，河北教育出版社，2000年，第178—223页。

〔27〕何其芳：《梦中道路》，《何其芳文集》第二卷，人民文学出版社，1982年，第65页。

〔28〕何其芳：《〈还乡杂记〉代序》，《何其芳文集》第二卷，人民文学出版社，1982年，第131页。

〔29〕李健吾：《〈画梦录〉——何其芳先生作》，《李健吾文学评论选》，宁夏人民出版社，1983年，第123页。

〔30〕李健吾：《〈画梦录〉——何其芳先生作》，《李健吾文学评论选》，宁夏人民出版社，1983年，第128页。

六　影响无焦虑：关于冯至《十四行集》

冯至1982年在《读歌德诗的几点体会》中，引述了歌德逝世前一个月（1832年2月17日）与朋友的一次谈话：

> 根本我们都是集体性人物，不管我们愿意处在什么地位。严格地说，可以称为我们自己所有物的，是微乎其微，就像我个人是微乎其微的一样。我们都必须从前辈和同辈接受并学习一些东西。
>
> 如果我们坦率地说，什么本来是我的呢？我只不过有能力和志愿，去看去听，去区分和选择，用自己的精神给所见所闻以生命，用一些技巧把它再现出来，如此而已。[1]

歌德这些话，用在冯至身上也非常确切。青年时代的冯至，性格缺乏独立性，对朋友有很深的依赖，这从他与杨晦的关系可以看得很清楚。他一生都保持着为人虚心、为文低调的特点，在阅读与写作过程中，他从来不拒绝外在的影响，而且善于将这些影响化为自己作品的有机组成部分。从他的诗中，特别是在他四十年代创作的《十四行集》中，我们能够发现"另一个世界的文化和新鲜的诗的元素"。

关于冯至《十四行集》所接受的中外影响,现代文学研究界近十年来做了不少卓有成效的工作,特别是解志熙、王毅等人的著作的相关部分,已经相当充分而细致地揭示了这些影响的诸多方面:里尔克观察事物的方式及收视返听的内心体验,歌德从特殊到一般的表现方式,克尔凯郭尔"决断"的思想和雅斯贝尔斯"交往"的理论,杜甫的现实关怀与生命承担,等等。全面地分析多重影响已无必要,全新地发掘某种影响也不可能。因此,我将把本章的任务限制在一个较小的范围内,只打算着重探讨一下有关冯至《十四行集》的这样三个问题:一、西方传统的形而上学的思维方式,尤其是对于中心、本质、真理的不懈追求给中国现代诗造成的新的景观;二、在袭用他人成句和立意的同时加以创造性转化的技巧;三、对歌德与杜甫的独特理解所导致的朴素的语言观,以及它所带来的正面和负面的效果。

一

里尔克的诗作及其诗教,对于后学而言,往往构成一个巨大的引力场,使人不由自主地落入他的观物模式中去。冯至《十四行集》的写作正清楚地表明了这一点。冯至说,是里尔克真正教会了自己去"看",去"想",去"工作而等待"。但是,事实上,他无法做到他理想中的里尔克那样,"赤裸裸地脱去文化的衣裳,用原始的眼睛来观看"[2],他只能借用里尔克的眼睛。

尽管《十四行集》的世界是一个敞开的世界,平原、山川、道路、河流、岛屿、城市，无穷无尽地展现在我们眼前。但是，一种里尔克内敛式的诗思，以及从罗丹那里获得的坚实的雕塑感，还是留下了大量的痕迹：

> 过去的悲欢忽然在眼前
> 凝结成屹然不动的形体。
> ——《十四行集》之一

> 歌声从音乐的身上脱落，
> 归终剩下了音乐的身躯
> 化作一脉的青山默默。
> ——《十四行集》之二

> 你无时不脱你的躯壳，
> 凋零里只看着你生长；
> 祝你永生，我愿一步步
> 化身为你根下的泥土。
> ——《十四行集》之三

> 一切的形容、一切喧嚣
> 到你身边，有的就凋落，
>
> 有的化成了你的静默；
> ——《十四行集》之四

> 如今那旧梦却化作
> 远水荒山的陨石一片。
>
> ——《十四行集》之八

里尔克的诗学观念，对其他诗人极具诱惑与危险，因为那是一种极度向"中心"倾斜的凝聚式思维模式。他固然一再申言，世间存在的一切为"敞开者"，但那个"敞开者"，对"看"与"想"的诗人而言，毕竟是一个对象性存在。海德格尔常常将里尔克走向本体论的存在主义诗学加以精微阐说，但他也承认："凡是直接归属到敞开者中去的东西，总是被敞开者接收入中心之吸引的牵引中去的。"[3] 里尔克念兹在兹的，正是这个"中心"：

> "实在"的所有昭示都不能被当作仅仅是受时间约束的事物，而是要被具体化，尽可能地置于我们的力量之内，在我们同样分享的更高贵的含义之中。我们需要在那更伟大、那最伟大的圆心之内掌握我们在这里看到和接触到的事物，然而却不是在基督教（我永远激烈地与之分离开来）意义上，而是带着一种纯粹、深刻、宁静的世俗意识。[4]

海德格尔阐说里尔克，由于后者艺术表现的丰富性，并非总能合若符契。比如，海德格尔力反西方形而上学的传统迷误，即把存在当作一种对象来进行认识，致成主体与客体的对立，从而破坏了人与世界原初的同一性。但里尔克却常常有一种形而上学的对象性思维。他的诗思，是在人与万物的"对立"与"同一"、

"敞开"与"关闭"的关系中展开的。一方面,他说:"人必须把万物从自己的身边推开,以便后来善于取用较为正确而平静的方式,以稀少的亲切和敬畏的隔离来同它们接近。""人不应再物质地去感觉它为我们而含有的意义,却是要对象地看它是一个伟大的现存的真实。"显然不脱西方传统的形而上学的思维,因为物之于人还只是对象;但另一方面,他又认为人要成为物:"他有如一个物置身于万物之中,无限地单独,一切物与人的结合都退至共同的深处,那里浸润着一切生长者的根。"[5] 这仿佛近似我们中国古代"天人合一"的理想了,其实不然,因为那个"深处"的"根",乃是我们所要追索的最后的本质、真理、意义。

不要浮在表面,要探向事物的"深处",这是里尔克的萦心之念。冯至翻译的里尔克《给一个青年诗人的十封信》中,"深处"一词不断出现,十封信竟出现了十次之多(Stephen Mitchell 的英译本,"depths"也重复了十一次)。"你向外看,是你现在最不应该做的事。没有人能给你出主意,没有人能够帮助你。只有一个唯一的办法。请你走向内心。探索那叫你写的缘由,考察它的根是不是盘在你心的深处。"(第一封信)"在偶然的根处有永恒的规律醒来,……你不要为表面所误;在深处一切都会成为规律。"(第四封信)。在"外缘"与"中心"、"表象"与"本质"、"枝叶"与"根本"那么多项二元对立中,他总是倾向于后者,认为只有那里才是意义之所在,才能采集到"真意与精华"。这种对象化地打量与理解周身的世界,与"有如一个物置身于万物之中"而物我两忘的态度,是有很大差别的。

深受德国哲学与文学熏陶的冯至,似乎对这种差别缺少应有的体会。这可以从他对歌德与杜甫同自然的关系的理解上见出来。对于歌德来说，自然是一本生动的书，他要读懂它，揭示它的"公开的秘密"，发现那个永恒的规律。而杜甫，冯至认为，并没有这种从自然中寻求规律的企图：

> 但是杜甫对于自然也作了无微不至、无广不及的观察。……对自然若没有精密的观察，这样的诗句是写不出来的；对自然若没有深切的感情，这样的诗句也是写不出来的。此外，他常把自己的思想感情灌注在客观的对象里，使主观与客观，个人与自然，情与景得到统一。[6]

主观与客观的分别如此明显。这其实还是冯至称道里尔克所谓"观察遍世上的真实，体味尽人与物的悲欢"，"发现许多物体的灵魂，见到许多物体的姿态"那种意义上的关系。可是，对于杜甫来说，自然难道不过是外在于他自身的一个体察事理、寄托情思的对象？在他的诗中，难道我们不是经常见到那种"置身于万物之中"而陶然忘机、泯然同化的境界？从杜甫和里尔克的下列诗句中，我们可以参透其间的分际：

> 水流心不竞，
> 云在意俱迟。
>
> 向静止的地说：我流。
> 向流动的水说：我在。

有论者说，冯至的《十四行集》是新诗有史以来"第一本在整体上把哲学思考、宇宙人生、时代精神和个人情感完美地平衡起来或者说结合起来的诗集。这种思考、主题及其处理手法是前所未有的，因而整体来说也是生疏的"[7]。我觉得，《十四行集》真正前所未有的是，西方传统的形而上学认识世界的方式，二元对立的模式下透过现象以追求本质并获取意义的精神，由此而进入了中国的诗性思维，使中国现代诗第一次具有了"形而上的品格"[8]。由于五十年来对深受黑格尔影响的马克思主义哲学的口剽耳熟，今天的读者倒也不再会对这些因素有什么生疏之感了。

二

在1948年为《十四行集》写的序中，冯至交代了这些诗的写作缘起。经过了几乎不写诗的十年的沉默，突然，"有一次，在一个冬天的下午，望着几架银色的飞机在蓝得像结晶体一般的天空里飞翔，想到古人的鹏鸟梦，我就随着脚步的节奏，信口说出一首有韵的诗，回家写在纸上，正巧是一首变体的十四行"[9]。这种长期蛰伏、一朝井喷的情况，与里尔克最后两部名作的完成是如此相像：

> 他经过十年的沉默，工作而等待，
> 直到在缪佐显出了全部魄力，
> 一举而让什么都有了个交代。[10]

诗兴之来，也与里尔克的诗教完全吻合：经过多少年的观看、感觉、回忆，当一切都已化成自身的血肉，"那才能以实现，在一个很稀有的时刻有一行诗的第一个字在它们的中心形成，脱颖而出"[11]。

联系到这些，只想说明，里尔克对于冯至的影响之大，是怎么估计都不过分的。研究者已经提供了大量证据，证实在前者的《致奥尔菲斯的十四行》和后者的《十四行集》之间的相似之处。我们可能还会继续发现冯至之于里尔克的负债。比如，《十四行集》第二十一首"我们听着狂风里的暴雨"，有非常美妙的两句：

> 铜炉在向往深山的矿苗，
> 瓷壶在向往江边的陶泥，

这样的奇情妙想，乃源自里尔克《时辰书》里的如下诗句：

> 金属元素在思乡。它渴望
> 离开那引领它误入迷途的
> 钱币和轮箍。它
> 拒绝工厂和金库，
> 拒绝照卑微的样子被熔化，
> 而复归那山中打开的矿脉，
> 然后，山将再一次关起来。[12]

这样的例子见得多了，不能不让人质疑冯至的独创性。既然笼罩在里尔克的目光之下，冯至的笔下也就源源不断地涌出里尔克诗中习见的意象和词句。冯至也自承摆脱不了里尔克的影响，但是，他晚年的辩护却未尝没有道理："我这么写，觉得很自然，像宋代的词人常常翻新唐人的诗句填在自己的词里那样，完全是由于内心的同感，不是模仿，不是抄袭。"[13]

化用前人成句，在中国古典诗词里也叫"用事"。好的"用事"，要么青出于蓝而胜于蓝，如姜夔的"梨花落尽成秋色"之于李贺的"梨花落尽成秋苑"；要么在新的语境里能更好地发挥作用，如"落花人独立，微雨燕双飞"，在晏几道的词里远比在翁宏的诗里熨帖而又挺出。钱锺书在谈论王安石的七绝《书湖阴先生壁》里的名句"一水护田将绿绕，两山排闼送青来"的"用事"之妙时，说：

> 不知道这些字眼和句法的"来历"，并不妨碍我们了解这两句的意义和欣赏描写的生动；我们只认为"护田""排闼"是两个比喻，并不觉得是古典，所以这是个比较健康的"用事"的例子，读者不必依赖笺注的外来帮助，也能领会，符合中国古代修辞学对于"用事"最高的要求："用事不使人知，若胸臆语也。"[14]

"自然"是衡量"用事"的唯一标准。能够显得如从自己肺腑中流出，就不算"模仿""抄袭"。拿这个标准去看上面举出的例子，冯至的诗思尽管来自里尔克，可是他处理得更加工巧，"铜炉在向往深山的矿苗"虽属现成，"瓷壶在向往江边的陶泥"却为己出，又接以"它们都像风雨中的飞鸟/各自东西",这可比里尔克"它渴望离开那引领它误入迷途的钱币和轮箍"来得空灵多了。这就是因袭中的再创造。

还有一个原因,使得冯至的写作在很大程度上可以说是多种资源的融合。对冯至的一生影响至深的,超乎里尔克之上,还有三位巨人:歌德、杜甫、鲁迅,只是我们无法确切地指认他们给冯至的诗留下的具体影响,因为他们的存在对于冯至来说,相当于空气、水和食粮。谁能够讲得清楚他每天的一饮一啄会给他此刻的一举一动带来了什么?

歌德、杜甫与鲁迅对于冯至的影响,更多地是在精神的层面,而且往往与里尔克的影响相重合。比如说,冯至服膺于里尔克的"工作""忍耐"与"担当"的精神,在他们三人身上表现得只会更加强有力。这些精神因素,都成为《十四行集》思想内容的一部分。不过,在语言文字上,冯至也受到他们至关重要的影响,尤其是歌德与杜甫的诗。

三

冯至《十四行集》已经被公认为中国现代主义诗歌的代表作品之一。可是,现代主义实在是一个非常宽泛的概念,有各种各样的思潮和流派,在思想内容和语言技巧上呈现出诸多特点。这些特点,既有所联系,又有所区别。就其联系的一面来说,现代主义有着如下的共性:

我们也可以假定，我们称之为现代的那个时期向我们所表明的，不是在有秩序的现实主义时期之后，也不是在一个相反的时期——浪漫主义阶段后的古典主义时期——之后单纯的无理性的复兴，而是所有这些潜在因素的混合：理性和无理性、理智和感情、主观和客观的相互渗透、调和、联合与融合——也许是一种可怕的爆炸性的融合。

人们可以设想有一种爆炸性的融合，它破坏了有条理的思想，颠覆了语言体系，破坏了形式语法，切断了词与词之间、词与事物之间的传统联系，确立了省略和并列排比的力量，随之也带来了这项任务——用艾略特的话来说——创造新的并列，新的整体；……[15]

如果我们同意上面这一归纳是比较权威而可以信服的，那么显然，冯至的《十四行集》在思想内容层面上看，固然存在理智和感情、主观和客观的混合，但在语言形式层面上看，还是非常讲求秩序和条理，不搞颠覆和破坏活动的。所以，王毅对冯至《十四行集》的研究结论，下得非常精辟：

总之，冯至《十四行集》在诗歌的具体处理方式及文本特征上，与里尔克处理经验的诗学观有关，更与歌德的三种"从特殊到一般"的具体表现方式有关。而这两者都或隐或显地与浪漫主义诗歌相连。加以冯至本人的性格、二十年代所固有的浪漫诗人气质，所以我们认为，《十四行集》作为四十年代现代主义诗歌的代表作之一，相对而言其现代性主要地体现在观念层次,也就是前文所说的《十四行集》中的第一重秘密中,而不是语言技巧层次。如果说冯至四十年代创作已经离开了浪漫主义,那么至少在诗歌语言技巧或者说文本特征方面,他其实就在浪漫主义附近,离开得并不远。[16]

虽说《十四行集》在思想和情调上与冯至以前的诗作有相当大的距离,但是它文从字顺的平实的表达方式却并没有什么不同。一直以来,冯至对诗歌语言的看法都偏于保守,总是对雕琢词藻和精研声律持有戒心,更不用说扭断语言的脖子,去创造惊世骇俗的"新的并列,新的整体"了。这与里尔克的影响当然是分不开的,因为里尔克的诗主要是以其精神性的东西打动读者,"严格说来,这种艺术感染力的唤起方式更接近于浪漫主义,而与现代主义在文本效果上坚持'震惊'原则颇有距离"[17]。冯至以思想见长而不以文字出奇的诗篇,也正如此。但是,冯至对于语言的态度,更要归因于超乎里尔克所赐之上的歌德与杜甫的影响。

在冯至看来,歌德的伟大就在于他朴素的力量。关于歌德的《西东合集》,冯至说:

> 总之,(《西东合集》以前的)那些诗都或多或少地有一种力量使读者成为被动的,去承受诗中的一切。但是到这里,却有些不同了,诗好像和读者发生了距离,读者若还是居于被动的地位而不肯多费一些力,他便会从这些诗的旁边走过,有如从墙外走过一座蕴藏丰富的宝殿。因为这里的语言可能比以前的诗里面的语言更为简练,文字也更为朴素,但是每

一个字都越过了它一般的意义而得到一个更高的解释；这里的自然，一草一木，一道彩虹，以及一粒尘砂，都是诗人亲身经历的，亲眼看见的，但又无时不接触到宇宙的本体；这里的爱与憎，以及对生命种种的观察，都是诗人自己的，同时又是人类的。所以有些粗率的读者，心胸狭窄的读者，追求词藻的读者，往往在朴素的文字前感到枯涩，在诗人所写的种种对象前觉得表面的描写不能满足他们的欲望，而里边所含的深意他们又无从领略。[18]

杜甫呢，冯至似乎对他"为人性僻耽佳句，语不惊人死不休"与"晚来渐于诗律细"的一面兴趣不大，甚且视为缺点与弊病。比如，对杜甫夔州时期的创作，冯至这样评论道：

  但是到了夔州，他又把一部分的精力用到雕琢字句、推敲音律上边去了。……这好像他又要把诗歌扯回到"研揣声病、寻章摘句"的时代里去。但杜甫夔州时代的诗并不是每一首都是这样写成的，他用这种态度写出来的代表作品最明显的是《秋兴八首》《诸将五首》。这些诗里不是没有接触到实际的问题，不是没有说到国家的灾难和人民的贫困，不是没有写出时代的变迁和自己热烈的想望，可是这些宝贵的内容被铿锵的音节与华丽的词藻给蒙盖住了，使后来杜诗的读者不知有多少人只受到音节与词藻的迷惑与陶醉，翻来覆去地诵读，而不去追问：里边到底说了些什么？因此在解释上也发生分歧。与此相反，反倒是在《写怀》里毫不费力写出来的"无贵贱不悲,无贫富亦足",读起来觉得亲切动人;而像《宿江边阁》里"不眠忧战伐,无力正乾坤"那样的诗句足以表达出诗人的人格。[19]

对于杜甫的《秋兴八首》,自从新诗发轫之始就有截然不同的两种评价。胡适因为推崇"做诗如作文""做诗如说话",所以把元白一派诗推为正宗,将杜甫则打作两截,取其《三吏》《三别》而不取《秋兴八首》,认为后者堕入恶趣,只是一诗谜耳。随着新文学的发展,后来有不少诗人与学者,都站在了胡适的对立面上。梁宗岱讥讽胡适"一壁翻译一个无聊的美国女诗人底什么《关不住了》,一壁攻击我们底杜甫底《秋兴》八首,前者底幼稚粗劣正等于后者底深刻与典丽"[20]。废名则说:

> 胡适之先生于旧诗中取元白一派作为我们白话新诗的前例,乃是自家接近元白的一派旧诗的原故,结果使得白话新诗失了根据。我又说,胡适之先生所认为反动派温李的诗,倒有我们今日新诗的趋势,我的意思不是把李商隐的诗同温庭筠的词算作新诗的前例,我只是推想这一派的诗词存在的根据或者正有我们今日白话新诗发展的根据了。[21]

在废名看来,温李一派诗人的写法是一种"立体"的写法,一种"精心的乱写"。这正合现代主义"切断了词与词之间、词与事物之间的传统联系,确立了省略和并列排比的力量"的写作方式。

废名是冯至多年的挚友,但是他俩对文字的看法却有很大的差别。废名即使写小说都像在写诗，冯至则写诗也好像在写散文。废名对《十四行集》的评价有点复杂，一方面他承认"冯至的诗确是写得很好的"，"很质朴很自然"；一方面他又颇多挑剔，说冯至"文章上有毛病"，"技巧不足"，"其有拙劣处是冯至运用文字的手段不及卞之琳"。[22] 而卞之琳正是废名所称许的温李一路的现代传人："卞诗有温的秾艳的高致，他却还有李诗温柔缠绵的地方了。"[23]

冯至自己也说过："有时我个人感到我的中国文是那样地同我疏远，在选择字句的时候仿佛是在写外国文一般。"这是自谦语，某种程度上也是老实话。这难道不是因为他对雕琢字句、推敲音律全然持负面的理解，导致了对汉语言文字的掌握到底存在着局限，留下了遗憾吗？

注 释

[1] 冯至：《读歌德诗的几点体会》，《冯至全集》第八卷，河北教育出版社，1999年，第131页。

[2] 冯至：《里尔克——为十周年祭日作》，《新诗》第一卷第二期（1936年12月），第295页。

[3] 海德格尔：《诗人何为？》，孙周兴选编：《海德格尔选集》上册，生活·读书·新知上海三联书店，1996年，第426页。

[4] 里尔克：《致维托德·冯·胡勒维奇》，《里尔克诗选》，黄灿然译，河北教育出版社，2002年，第3页。

[5] 里尔克：《论"山水"》，《给一个青年诗人的十封信》，冯至译，生活·读书·新知三联书店，1994年，第71—72页。

〔6〕 冯至：《歌德与杜甫》，范大灿编：《冯至全集》第八卷，河北教育出版社，1999年，第186—187页。

〔7〕 黄灿然：《冯至〈十四行集〉的生疏效果》，《必要的角度》，辽宁教育出版社，2001年，第339页。

〔8〕 王泽龙：《冯至的〈十四行集〉》，《中国现代主义诗潮论》，华中师范大学出版社，1995年，第183页。里尔克的诗教对中国现代诗人影响之大，可以举最近的一个例证。小说家林白发表了组诗《枕黄》，诗前的小序是标准的里尔克口吻："诗歌高悬在小说的头顶，怀着另一种情感和智慧，带着能量，聚集在心。诗歌的神是既隐藏在星空，同时也在垃圾里，街道、灰尘、草、尸体、秋天、啤酒、油条、大葱、拖鞋、马桶，以及劣迹斑斑的墙角。它们深藏在物体的心脏，和诗人一起，共同等到神圣降临的时刻。那是晦暗时分的闪电，耀眼的光芒倏忽而至，直击事物的内部，那些诗歌的浆汁，呼啸而起，成为锐利的花瓣。"（《上海文学》，2003年第7期，第54页。）

〔9〕 冯至：《十四行集·序》，刘福春编：《冯至全集》第一卷，河北教育出版社，1999年，第213页。

〔10〕 奥登：《"当所有用以报告消息的工具"》，《英国诗选》，卞之琳译，湖南人民出版社，1983年，第163页。冯至1943年的散文《工作而等待》即由此诗生发出来。

〔11〕 里尔克：《马尔特·劳利兹·布里格随笔》，《给一个青年诗人的十封信》，冯至译，生活·读书·新知三联书店，1994年，第74页。

〔12〕 Martin Heidegger: *Poetry, Language, Thought*. Beijing: China Social Sciences Publishing House, 1999, p. 114.

〔13〕 冯至：《在联邦德国国际交流中心"文学艺术奖"颁发仪式上的答词》，张恬编：《冯至全集》第五卷，河北教育出版社，1999年，第

205页。
〔14〕钱锺书:《宋诗选注》,人民文学出版社,1982年,第56页。
〔15〕马尔科姆·布雷德伯里、詹姆斯·麦克法兰:《现代主义的名称和性质》,《现代主义》,上海外语教育出版社,1992年,第34—35页。
〔16〕王毅:《中国现代主义诗歌史论1925—1949》,西南师范大学出版社,1998年,第243页。
〔17〕臧棣:《汉语中的里尔克》,《里尔克诗选》,中国文学出版社,1996年,第8—9页。
〔18〕冯至:《歌德的〈西东合集〉》,范大灿编:《冯至全集》第八卷,河北教育出版社,1999年,第61页。
〔19〕冯至:《杜甫传》,人民文学出版社,1980年,第123—124页。
〔20〕梁宗岱:《文坛往那里去——"用什么话"问题》,李振声编:《梁宗岱批评文集》,珠海出版社,1998年,第44页。
〔21〕冯文炳(废名):《谈新诗》,人民文学出版社,1984年,第28页。
〔22〕冯文炳(废名):《谈新诗》,人民文学出版社,1984年,第205页。
〔23〕冯文炳(废名):《谈新诗》,人民文学出版社,1984年,第167页。

七　伪奥登风与非中国性：重估穆旦

穆旦的地位现在是被大大地高估了。且不说在一次中国现代文学大师的排名中他高踞诗人的榜首；从近十年以现代诗人为研究对象的学术评论来看，以穆旦为题的文章在绝对数量上也稳居前列。由于其人其诗在三十多年里遭受的极不公正的冷遇，这一研究热潮可视为一个有意义的反拨。也许是新发现带来的兴奋所致，研究者倾向于将研究对象看高一格，这本来无可厚非。但是，如果一位诗人的创造性并非如人们想象的那么丰富，或者说，一种丰富的表象掩盖了事实上的贫乏，那么这种高估其实是不正常的。穆旦真的具有如此非凡的成就而值得我们竭力追捧吗？

在对穆旦的诗作的所有评论中，王佐良的意见堪称代表。他于诗学是行家，与诗人为至交，所以他的意见分量很重，也产生了广泛的影响。此后对于穆旦的诸多说法，在很大程度上都依托于王氏的见解。问题是，一个行家兼至交的看法，既容易体现出所谓"了解之同情"，也容易成为一种令人困扰的混合：行家的"了解"，使他能够一针见血地看出对方的长处和短处；至交的"同情"，又使他下意识地为其扬长避短，或者替那些短处曲为回护。比如，他说：

人们可能有一个初步印象:他过分倾向艾略特和奥登的写法了,特别是奥登——可是在三十年代哪个青年能不喜欢作为欧洲反法西斯文学前卫的奥登呢?只不过奥登有时显得故作姿态,而在穆旦身上人们只见一种高雅、一种纯真,它们是绝不允许摆弄任何姿态的。毕竟,他的身子骨里有悠长的中国古典文学传统。即使他竭力避开它的影响,它还是通过各种渠道——读物,家庭,朋友等等——渗透了过来。他对于形式的注意就是一种古典的品质,明显地表露于他诗段结构的完整,格律的严谨,语言的精粹。[1]

这一番话里,王佐良涉及了穆旦诗作最敏感的两点,即他对西方现代诗风特别是奥登的写法的过度倚重,以及他对中国古典文学传统的竭力规避。这两点事实上可以合而为一:穆旦的"西化"正意味着"去中国化"。王佐良将这一事之两面都慢慢地导向了一个正面的评价。但是,通过对穆旦诗的细读,以及与奥登诗的比勘,我得出的结论却走向了反面。下面我想详细地分析穆旦取法西方现代诗特别是奥登诗的得与失,以重新检视他的"非中国性"的负面意义。

一

在单纯的中文语境里,穆旦的诗句总是那么精警,挺拔,富于穿透力。读者的反应是建立在一个通常的假定基础上的,即认为这些诗属于首创。可是，穆旦的诗思经常并不享有独立自主的知识产权。好多在我们认为是原创的地方，他却是在移译，或者说，是在"用事"，也就是化用他人的成句。举例说，穆旦 1947 年的《发现》一诗有两行很美：

你把我轻轻打开，一如春天
一瓣又一瓣的打开花朵

可是，谁若读到肯明斯（E. E. Cummings，1894—1963）写于 1931 年的 *Somewhere I Have Never Traveled*，*Gladly Beyond* 中的如下诗句，就会顿悟穆旦的出处原来在此：

your slightest look will easily unclose me
though i have closed myself as fingers,
you open always petal by petal myself as Spring opens
(touching skilfully, mysteriously) her first rose

你轻柔的注视会轻易地打开我
哪怕我像手指一样攥紧我自己，
你一瓣一瓣地打开我，像春天打开
（巧妙而神秘地触摩着）她第一朵玫瑰

再举一个更为隐蔽些的例子。穆旦 1945 年的《风沙行》是一首十六行不分节的很紧凑的诗作，令人想起首创"跳跃节奏"

(sprung rhythm)的霍甫金斯（G. M. Hopkins，1844—1889）的《春与秋》(*Spring and Fall*)，形制相似，紧凑的十五行，也不分节。前一首诗"夜落草木"，"年青的日子已经去远"的意思，应合了后者的落叶飘零、心境老去（the heart grows older）；更可讶异的是，两诗都在一头一尾重复了女主角的名字，而且都叫"玛格丽"（Margaret）！[2]

霍甫金斯与肯明斯在当时和今天的名气都不够大，穆旦袭用他们的例子也只是孤例。评论家一致公认，穆旦受到了几位英国现代诗大家的影响，其中就包括叶芝。总的看来，叶芝在他的作品中打上的烙印并不多，可有时却是那么醒目：

> 等你老了，独自对着炉火，
> 就会知道有一个灵魂也静静地，
> 他曾经爱过你的变化无尽，
> 旅梦碎了，他爱你的愁绪纷纷。

这是穆旦1944年的《赠别》（一）的第三节，完全是叶芝名诗《当你老了》(*When You Are Old*)的简缩版。这一点周珏良曾指出过，但他说这样的诗句谁读了都会喜欢，显然没有考虑版权所属的问题了。[3]

穆旦受之于艾略特的影响，远比叶芝深入而广泛得多。他晚年翻译过艾略特的早期名诗《阿尔弗瑞德·普鲁弗洛克的情歌》(*The Love Song of J. Alfred Prufrock*)，从他的诗创作中也看得出，这首诗对他的影响非常之大。特别是1939至1941年间，他写的好几首诗,《从空虚到充实》《蛇的诱惑》《华参先生的疲倦》等,都明显效仿了那首"情歌"的写法。无非是一个小小的戏剧化场景,一个沙龙中的小资型主人公,精神"空虚",身体"疲倦",在一个面临抉择的关头,嗫嚅其词,优柔寡断,陷入没完没了的自我质疑中。至于字句的因袭,所在多有:

> 无聊?可是让我们谈话,
> 我看见谁在客厅里一步一步地走,
> 播弄他的嘴,流出来无数火花。
> ——《从空虚到充实》

> 我喝茶。在茶喝过了以后,
> 在我想横在祭坛上,又掉下来以后,
> 在被人欣羡的时刻度去了以后,
> 表现出一个强者,这不是很适合吗?
> ——《华参先生的疲倦》

试比较艾略特原诗与穆旦译文,其间的血缘关系一目了然:"在客厅里女士们来回地走,/谈着画家米开朗琪罗。"(In the room the women come and go/Talking of Michelangelo.)"在那许多次夕阳以后,/在庭院的散步和水淋过街道以后,/在读小说以后,在长裙拖过地板以后,——/说这些,和许多许多事情?——"(After the sunsets and the dooryards and the sprinkled streets,/After the novels, after teacups, after the skirts that trail along the floor—/And this, and so much more？一）。甚至连细节都那么相似：像普鲁弗洛克先生神经质地注意自己的衣饰外表一样，华参先生也不时地"拿起了帽子"，"整理一下衣襟"。

二

可是比之于奥登，上述这些现代英语诗人给予穆旦的影响，简直算不了什么。四十年代的他，"喜欢艾略特"，"更喜欢奥登"。[4] 三十多年后，他又翻译了艾略特和奥登，不过前者只十一首，后者却有五十五首。周珏良在为穆旦的《英国现代诗选》的译本所作的序言中说：

> 我特别记得一九七七年春节时在天津看见他。他向我说他又细读了奥登的诗，自信颇有体会，并且在翻译。那时他还不可能知道所译的奥登的诗还有发表的可能。所以这些译诗和附在后面代表他对原诗的见解的大量注释，纯粹是一种真正爱好的产物。[5]

奥登看来的确有这样一种特殊的魅力：一旦喜欢上他的诗，就会彻底拜倒在他的脚下。布罗茨基就是一个典型例子。而穆旦对奥登的钦服，一点也不在布罗茨基之下；要说有什么差异，只不过把自己交出去太多。结果，在穆旦的诗集里，触目皆是奥登留下的痕迹，且经常不加掩饰。

比如，他1947年写的组诗《饥饿的中国》（三）是这样的：

昨天已经过去了,昨天是田园的牧歌,
是和春水一样流畅的日子,就要流入
意义重大的明天;然而今天是饥饿。

昨天是理想朝我们招手:父亲的诺言
得到保障,母亲安排适宜的家庭,孩子求学,
昨天是假期的和平:然而今天是饥饿。

为了争取昨天,痛苦已经付出去了,
希望的手握在一起,志士的血
快乐的溢出:昨天把敌人击倒,
今天是果实谁都没有尝到。

中心忽然分散:今天是脱线的风筝
在仰望中翻转,我们把握已经无用,
今天是混乱,疯狂,自渎,白白的死去——
然而我们要活着:今天是饥饿。

荒年之王,搜寻在枯干的中国的土地上,
教给我们暂时和永远的聪明,
怎样得到狼的胜利:因为人太脆弱!

在这首诗中,分别有两处令人想到叶芝与艾略特:"中心忽然分散"等于叶芝《再度降临》(*The Second Coming*)中的名句

"一切四散，中心无法把持"（Things fall apart；/the centre cannot hold）；"荒年之王，搜寻在枯干的中国的土地上"则有着艾略特《荒原》中衰老的渔王与其干旱的国度的影子。但是，奥登的影响却是压倒一切的。孤立地从中文看待这一文本，应该说很有力量："昨天"与"今天"对比强烈，不断的重复增添了庄严的调子。可是，一旦联想到奥登的名诗《西班牙》（*Spain*）里的如下诗句，我们立刻会有一种沮丧之感：

> 昨天是装置发电机和涡轮机，
> 是在殖民地的沙漠上铺设铁轨；
> 　　昨天是对人类的起源
> 作经典性的讲学。但今天是斗争。
>
> 昨天是对希腊文的价值坚信不疑，
> 是对一个英雄的死亡垂落戏幕；
> 　　昨天是向落日的祈祷
> 和对疯人的崇拜。但今天是斗争。

穆旦的译文无疑是忠实的（Yesterday the installation of dynamos and turbines，/…But to-day the struggle.）；可奈他的创作也是那么忠实于奥登。如果这是初学者的临帖之作还可以原谅，可这时穆旦已有十四年诗龄，接触奥登也已经十年，而且马上就要结束他青年时期的创作了。我们怎样才能给这一事实作出圆通的解释呢？

七　伪奥登风与非中国性：重估穆旦　　145

问题是,这样的例子俯拾即是。不妨再看一首,写于1945年的《农民兵》(一),全诗如下:

不知道自己是最可爱的人,
只听长官说他们太愚笨,
当富人和猫狗正在用餐,
是长官派他们看守大门。

不过到城里来出一出丑,
因而抛下家里的田地荒芜,
国家的法律要他们捐出自由:
同样是挑柴,挑米,修盖房屋。

也不知道新来了意义,
大家都焦急的向他们注目——
未来的世界他们听不懂,
还要做什么?倒比较清楚。

带着自己小小的天地:
已知的长官和未知的饥苦,
只要不死,他们还可以云游,
看各种新奇带一点糊涂。

撇开奥登来看这首诗,也可以说是不错的:似反实正的写法,调谐中含一点悲悯,与一点愤怒。可是也就在中国,奥登写过一组著名的《在战时》(*In Time of War*),其中第十八首正写一位中国农民兵,拿穆旦这首诗来比照,不啻孪生。主人公一样的"愚笨""糊涂""不知善,不择善"(neither knew nor chose the Good),只不过在奥登诗中他死去了,在穆旦诗中还可能不死。穆旦诗的那句"不知道新来了意义"相当突兀,未免叫人"听不懂",却也是从奥登诗里来:他的死教育了我们"像逗点一样加添上意义"(added meaning like a comma)。即使"修盖房屋"这一意象,也令人想起奥登原诗末句中的"房屋"(houses)。最后,穆旦诗中顶妙的第三句,"当富人和猫狗正在用餐",将高贵与卑俗并置而生出滑稽的效果,也全然祖构于奥登诗的第二句,"被他的将军和他的虱子所遗弃"(Abandoned by his general and his lice)。[6]

穆旦显然喜欢这种出人意表的组合方式,比如1945年的《反攻基地》中的四行:

> 过去的还想在这里停留,
> "现在"却袭击如一场传染病,
> 各样的饥渴全都要满足,
> 商人和毛虫欢快如美军。

"商人和毛虫"的并列同样暗寓了诗人的不满和不屑。而"'现在'却袭击如一场传染病",又完全蹈袭了奥登这组《在战时》第二十三首中的一句:Violence successful like a new disease,穆旦译为

"暴力流行好似一场新的瘟疫"。这组诗穆旦显然很熟悉,也有外在痕迹可寻。1938年在武汉的一个文艺界的招待会上,奥登当众朗诵了他的新作,即歌颂中国农民兵的这第十八首。1943年,任教于西南联大外文系的卞之琳译出了组诗中的五首,发表在桂林的《明日文艺》上,也正好包括这第十八首与第二十三首。纵然穆旦不能及时读到它们的原文,卞氏的译文他也肯定读过,因为这些关于中国的诗篇当时就产生了广泛的共鸣。

三

事实就是这样了:如果不读奥登,我们根本不会清楚穆旦在诗的谱系中所处的真实位置;可是一旦读了奥登,我们又难免发生一个疑问,即像穆旦这样在中文里复制出一个奥登来究竟有什么意义。使用"复制"一词我想并不过分,虽然全面地描述两位诗人之间的相似不是我们有限的篇幅所能解决的,我还是想择取两个方面来加以剖析,以见证穆旦是如何以奥登的思路为思路,且以奥登的手法为手法的。

关于奥登的早期诗作,西默斯·希尼(Seamus Heaney)这样说道:

> 一开始,奥登的想象力急于在发生在欧洲和英国的巨大的外部景象和显现于他自身内部的微小景象之间制造一种联接:他感到悬挂在复兴或者灾难面前的公共世界的危机和他自己生活中的一种迫近的行动和选择的私人危机极其相似。[7]

当奥登在中国战场上写下他的所见所感时,其诗歌的外部景观已扩展为全世界。从马德里到上海,炮火、报纸和收音机将东西方连成了一片,奥登于是成为诗史上对如此巨大的历史景观加以省视并对如此多变的公众事件加以报导的第一人,他的诗歌主题从而上升为对整个人类和各个文明的命运的思考。这一居高而临下的写作角度自然对穆旦起到重大的影响。所以后者诗中的"人"也都具有了"类"的性质。可是同样值得注意的是与此相联接的另一面:奥登对个人生活与私人危机的关注以及随之而来的一种写作模式也为穆旦所移植。

作为公众世界的宏大叙事的对称,奥登的笔下经常出现一个颇带自传意味的年轻人,充满可塑性,修读着一门门人生课程,探索,选择,听从或不听从长者教导,改正错误或不改,渴望成熟。这一切表明了奥登这位学院才子对个人成长史的独特兴趣。虽然有论者说,诗的有效性妨碍了他作这种"联接",即"熨帖地弥缝对危机中社会秩序的观察和对焦虑与挫败等心理学病况的描绘"[8],但并不妨碍穆旦效仿他进行这样的"联接"。说来也巧,穆旦的诗歌也有相连的两大主题:现实世界的灾难与罪恶以及这个世界中的个人的成长。他的诗的主人公同样是一个年轻人,在灵与肉、真与伪、善与恶之间摸索,试图识破人生的真相,找到人生的真谛。仅仅是因为同样的学院生涯使得他与奥登的视角不谋而合吗?可是为什么,他们连用语都何其相似?

在奥登这一类诗中,一个常用词就是"学习"(learn)。仅以《在战时》为例:"过去所学的一切/都从记忆里隐退"(第十一首);"因为空间有些规则他们学不会,/时间讲的语言他们也掌握不了"（第二十首）；"我们学会了怜悯和反抗"（第二十五首），等等。现在，轮到了穆旦：

> 诞生之后我们就学习着忏悔
> ——《不幸的人们》

> 因而他们的儿子渐渐学知了
> 自己悲观的，复杂的命运。
> ——《中国在哪里》

> 知道了"人"不够，我们再学习
> 蹂躏它的方法，排成机械的阵式
> ——《出发》

> 学会了被统治才可以统治
> ——《线上》

> 从小就学起，残酷总嫌不够，
> 全世界的正义都这么要求。
> ——《野外演习》

> 但那受难的农夫逃到城市里，
> 他的呼喊已变为机巧的学习
> ——《饥饿的中国》（四）

成长史的写法在奥登那里，导致了教科书式的措辞。仍以《在战时》为例，他不断重复地使用"知识"（knowledge）一词："他们满足于自己早熟的知识"（第三首）；"但从我们的知识中知道/我们能恢复他们自由"（第九首）；"没有重要的知识在他的头壳里丧失"（第十八首）。穆旦呢，也同样表现得念兹在兹：

零星的知识已使我们不再信任
血里的爱情。
——《控诉》（二）

在知识以外，那山外的群山
——《海恋》

那新鲜的知识，初见的
欢快
——《隐现》

爱情是太贵了：他们给出来
索去我们所有的知识和决定
——《诗四首》（二）

在奥登看来，个人的危机总是意味着"他追寻真理，可是不断地弄错"（第一首）；"我们已订约给'错误'做学徒"（第二十七首）。奥登的 mistake，也就给穆旦翻译成"错误"：

> 当我缢死了我的错误的童年
>
> ——《在旷野上》

> 以无数错误堆积起历史的男女
>
> ——《悲观论者的画像》

> 在错误和错误上，
> 凡是母亲的孩子，拿你的一份！
>
> ——《神魔之争》

> 永远随着错误而诞生
>
> ——《诗二章》（二）

> 我们和错误同在
>
> ——《隐现》

"学习""知识""错误"，以及"真理""历史""意义"等等，这些论文型的词汇，从奥登的诗中涌来，又沉淀到穆旦的诗里去。在中文语境里穆旦的诗句之所以令人耳目一新，正是因为他一扫从前的诗人习用的"诗意措辞"（poetic diction），而使用了大量"非诗意化"的用语，那些见诸心理学、教育学、社会学、政治学以及法学、医学的种种，遂以其富分析性的抽象，带学究气的枯涩，造成一种智性风格。可惜穆旦并非原创，而是出自对奥登的"机巧的学习"。

这种成长史加教科书的写法，对于中国读者来说颇为新鲜又能够接受。相形之下，穆旦袭用奥登惯用的一种修辞手法，即抽象词的"拟人法"（personification），就未免显得过于突兀，让中国读者很不自在了。穆旦喜欢将一些抽象观念作人格化处理。当他说"我看见饥饿在每一家门口／或者他得意的兄弟，罪恶"（《饥饿的中国》之二），或者说"当恐惧扬起它的鞭子"（《我想要走》），还不足以充分表现这一做法的不同寻常，因为"饥饿""罪恶""恐惧"多少能与特定的形象相联系。问题是他会将更为形而上的动词甚至副词加上引号，作拟人式使用：

> 不正常是大家的轨道，生活向死追赶，虽然"静止"
> 有时候高呼：
> 为什么？为什么？
> ——《城市之舞》

> 推翻现状，成为现实，更要抹去未来的"不"
> ——《诗四首》（二）

> "必然"已经登场，让我们听它的剧情
> ——《诗四首》（三）

> 为了到达迂回的未来，
> 对垒起"现在"
> ——《诗四首》（四）

穆旦显然偏爱此种修辞法，因为在他晚年的诗篇里，他依然积习不除：

"变"在追击，像溃败的大军，
美从自然，又从心里逃出

——《秋》（断章）

我能投出什么信息到它窗外？
什么天空能把我拯救出"现在"？

——《沉没》

这种"拟人法"显然来自奥登，因为现代英语诗人中唯有他最频繁也最娴熟地使用这种快捷的语言方式。仅举与穆旦相同的三例："我们活在这里，在'现在'的未打开的/悲哀中"（《在战时》第二首）；"隔着墙壁，/从'是'走到'不'/就通不过去"（《太亲热，太含糊了》）；"有的选择'必然'，和她交媾，她诞生了自由"（《诗解释》）。

奥登的做法，乃是植根于其自身固有的文学传统。从乔叟到弥尔顿，从莎士比亚的戏剧到班扬的小说，抽象词的拟人法早已成为英语文学的修辞常格。可是尽管如此，它也仍然遭受过强烈的批评。华兹华斯在其《抒情歌谣集》1800年版的"序言"中说：

除了很少的几个地方，读者在这本集子里将发现不到我把抽象观念比作人。这并不是出于我有意责难这种拟人法；

> 拟人法也许适合于某些种类的作品。但是，在这本集子里我是想模仿并且尽可能地采用人们常用的语言。我不认为这种拟人法是这种语言的任何正式部分或自然部分。[9]

在中国语文的传统里，这种抽象概念的拟人法更是罕见。《庄子·知北游》为"知""无为谓""无穷""无为""无始"等假立姓名而相与问答，算是最集中的一处，其余如《庄子·应帝王》里的"儵"与"忽"，《列子·力命篇》里的"力"与"命"，所见寥寥，故有人说：

> 拟人修辞格用于抽象概念与吾国常人思维习惯不合，为之者盖罕，赏之者亦稀，惟慧业文人始足领其妙耳。[10]

由此可见，穆旦照搬奥登的惯技，有时到了与我们固有的写作和欣赏习惯相脱节的地步。

四

长年浸淫于英语诗歌之中，且对奥登心摹手追，久而久之，穆旦的思维与语言似乎也已经英语化了。他的某些诗句，在中文里实在不成话，可直译成英文倒是文从字顺："它的修理给予我们三天的停留"/Its repair granted us three days' sojourn.（《玫瑰的故事》）"她的美丽找出来我过去的一个女友"/Her beauty finds one of my former girlfriends.（《华参先生的疲倦》）"翻起同样的泥土溶解过他祖先的"/He turned over the same earth that once dissolved his ancestors.(《赞美》)"我制造自己在那上面旅行"/ I made myself travel on that.(《诗八首》)。至于他的一些令人困惑的表达,如"无可辩护的沉默的脚步""清晨无罪的门槛""被恭维的街道"等,也只有在奥登那里才能找到出处。

现在的问题是,为什么穆旦的诗中竟然充斥着如此众多的对西方现代诗人尤其是奥登的文学青年式的模仿之作?唯一合理的解释是:他过于倚重奥登的写法,因为除此之外他别无依傍;他过于仰赖外来的资源,因为他并不占有本土的资源。穆旦未能借助本民族的文化传统以构筑起自身的主体,这使得他面对外来的影响即使想作创造性的转化也不再可能。他拿什么来转化?徐志摩写得一手漂亮的骈文,戴望舒能信手将一首新诗改写成优美的绝句,闻一多有他的李义山,卞之琳有姜白石,冯至有杜甫,可穆旦呢?什么都没有。王佐良说:"穆旦的胜利却在他对于古代经典的彻底的无知。"[11] 我的看法正好相反:正是这种"彻底的无知"造成了穆旦的失败。

穆旦一直对传统文学抱有近乎非理性的恐惧。早年的他"认为受旧诗词的影响大了对创作新诗不利"[12],晚年也一样,"对于旧体诗,他不怎么考虑继承问题"[13]。他在给一位青年友人的信中说:

> 我有时想从旧诗获得点什么,抱着这目的去读它,但总是失望而罢。它在使用文字上有魅力,可是陷在文言里,白话利用不上,或可能性不大。至于它的那些形象,我认为已

太陈旧了。[14]

的确,古典诗词似乎缺乏现代感性,文言与现代汉语之间明显存在巨大差异,穆旦的焦灼与绝望非常自然,也值得同情。但是,他对经典所持的功利性阅读方式首先就是个问题。一心想"获得点什么",结果会一无所获;急于为自己所"利用",终将一并无用。因为任何急功近利的想法和做法,对于人文传统的熏陶,对于诗教,都是欲速则不达。

于是,一种尴尬的情况出现在穆旦的身上:他似乎写不来一首平仄大致不差的绝句,而且常念错别字。在穆旦的名篇《五月》里,与那些现代感极为强烈的诗行成为对照的,是五首古典绝句的仿作,可是居然没有一首平仄妥帖,例如:

  负心儿郎多情女(仄平平平平平仄)
  荷花池旁订誓盟(平平平平仄仄平)
  而今独自倚栏想(仄平仄仄平平仄)
  落花飞絮满天空(仄平平仄仄平平)

这种音调听起来确实别扭极了。而在他晚年格律比较严谨的诗中,他居然会把"寒伧"误读为"寒仓","狡狯"误读为"狡会","熟稔"误读为"熟念",并以此押韵![15]

非中国性最终导致了穆旦的伪奥登风。也就是说,尽管他步趋奥登一至于此,他终于还是未能登上奥登的堂奥。奥登的卓绝之处,是他一身而兼具两种禀赋:"对语言的爱与对公众世界的体己观察。"[16] 也就是希尼所说的奥登的双重属性，声音和意义的结合。奥登首先是一位形式主义大师，他对音韵和格律的讲究已然成了一种嗜癖。可是在穆旦诗中，尤其是在他的早期诗中，我们绝难看到王佐良所称道的"诗段的完整"，"格律的严谨"。比如他的名作《诗八首》，其中六首都于偶行押韵（XAXA），可是第二首后四行忽然不押而脱韵，第七首前四行又给押成了随韵（ABAB）。一个对诗的声音稍具敏感的读者，到此也会有一脚踩空的感觉。再如《诗四首》，用的是奥登爱用的十四行体，然而诗行忽长忽短，韵脚忽有忽无，只徒具十四行的轮廓而已。穆旦显然缺乏奥登那样的形式感和语感，更谈不上后者特具的音韵的魅力了。而他本来是可以拥有这些的，如果他对母语的韵语之美有较深的体验的话。正如本文一开始引述王佐良所说的："对于形式的注意就是一种古典的品质。"

穆旦的地位现在之所以被高估，主要因为他被看作二十世纪中国诗人中最具现代性的一位。现代即意味着西方，西方即意味着现代，这是二十世纪中国最深隐的迷思。远在五十年代纪弦提出"中国现代诗是横的移植，而非纵的继承"之前，四十年代的穆旦已经用创作奉行了这一信条。王佐良说，"他的最好的品质却全然是非中国的"[17]；谢冕据此认为，"穆旦的好处却是他的'非中国'"[18]。相隔半个世纪这两条看起来差不多的断语，其重心微妙的转移，足以表明中国现代诗的西化倾向是愈来愈严重了。五十年前与穆旦同为艾略特与奥登的追随者的郑敏，晚年对此有沉痛的反思：

> 今天，经过了八十多年的检验之后，历史已经开始在惩罚我们了。我们一代一代的工作都放在毁灭自己的传统上，到今天，可以说，这种毁灭已经几乎完成了。……今天我们已经切断了去继承遗产的这条线，我们没有了后备。我们每天都在等待西方提供给我们明天的去向，这是非常可怕的。我们几乎自觉地沦为文化殖民地。[19]

在对穆旦普遍的颂扬声中，偶尔也飘过一丝疑云。蓝棣之在一篇评论中，褒奖之余曾指出一点："他既然钻进了现代主义那些很深的地方去体验，他就很容易在精神上与西方现代诗人相通，但却与本民族的大多数人隔膜了。"[20] 也许穆旦生前已经对自己的诗有过一番重估了，因为据蓝棣之说，他本人最后也意识到这种"隔膜"：

> 他晚年却表示要使他的诗民族化，准备多读些中国古典诗歌和民歌，多吸收些这方面的营养。他怀疑他的诗缺乏传统的诗意是否就好。事实上他晚年的诗在思维方式、架构、句式和语言上都有些变化，比较容易读了，不再那么欧化和晦涩。这就是说，他在走过四十年诗创作历程之后，留下来的是一个怀疑，一个困惑。[21]

如果诗人的暮年悔悟是可信的（显然与他给青年友人的信中语矛盾），那么让我们记住它。

注 释

〔1〕王佐良:《论穆旦的诗》,穆旦著、李方编:《穆旦诗全集》,中国文学出版社,1996年,第6页。

〔2〕据王佐良回忆燕卜逊当年给他们讲课,是从霍普金斯讲起。另外,穆旦这首《风沙行》的第一行"男人的雄心伸向远方",我也疑心是罗伯特·白朗宁的四行小诗 Parting at Morning 中后两行的隐括:/And straight was a path of gold for him, And the need of a world of men for me.(他面前是一条笔直的黄金路,我面前是需要男人的世界)。

〔3〕周珏良:《穆旦的诗和译诗》,杜运燮等编:《一个民族已经起来——怀念诗人、翻译家穆旦》,江苏人民出版社,1987年,第21页。

〔4〕王佐良:《穆旦:由来与归宿》,杜运燮等编:《一个民族已经起来——怀念诗人、翻译家穆旦》,江苏人民出版社,1987年,第2页。

〔5〕周珏良:《序言》,《英国现代诗选》,穆旦译,湖南人民出版社,1985年,第2页。

〔6〕原诗引自 Edward Mendelson 编辑的《奥登诗选》(Faber & Faber, 1979),当是穆旦四十年代所见、七十年代所译。这首诗的另一版本字句颇有改动,如同一出版社1966年版的《奥登短诗选1927—1957》,特此说明。

〔7〕西默斯·希尼:《测听奥登》,《希尼诗文集》,作家出版社,2001年,第348页。

〔8〕Stan Smith: *W. H. Auden*. Plymouth: Northcote House Published Ltd., 1997, p. 20.

〔9〕 华兹华斯:《〈抒情歌谣集〉序言》,刘若端编:《十九世纪英国诗人论诗》,人民文学出版社,1984年,第9页。

〔10〕 刘永翔:《读〈管锥编〉札记(选录)》,冯芝祥编:《钱锺书研究集刊》第三辑,上海三联书店,2002年,第65页。

〔11〕 王佐良:《一个中国诗人》,原载伦敦 *Life and Letters* 杂志1946年6月号,引自《穆旦诗集1939—1945》,人民文学出版社,2000年,第122页。

〔12〕 周珏良:《穆旦的诗和译诗》,杜运燮等编:《一个民族已经起来——怀念诗人、翻译家穆旦》,江苏人民出版社,1987年,第20页。

〔13〕 郭保卫:《书信今犹在 诗人何处寻》,杜运燮等编:《一个民族已经起来——怀念诗人、翻译家穆旦》,江苏人民出版社,1987年,第180页。

〔14〕 郭保卫:《书信今犹在 诗人何处寻》,杜运燮等编:《一个民族已经起来——怀念诗人、翻译家穆旦》,江苏人民出版社,1987年,第180页。

〔15〕 分别见于《葬歌》(1957年)、《演出》(1976年)、《退稿信》(1976年)。

〔16〕 John G. Blair: *The Poetic Art of W. H. Auden*. New Jersey: Princeton University Press, 1965, p. 64.

〔17〕 王佐良:《一个中国诗人》,原载伦敦 *Life and Letters* 杂志1946年6月号,引自《穆旦诗集1939—1945》,人民文学出版社,2000年,第122页。

〔18〕 谢冕:《一颗星亮在天边——纪念穆旦》,穆旦著、李方编:《穆旦诗全集》,中国文学出版社,1996年,第21页。

〔19〕 郑敏:《遮蔽与差异》,王伟明:《诗人诗事》,诗双月刊出版社,

1999年,第106—107页。

〔20〕蓝棣之:《论穆旦诗的演变轨迹及其特征》,杜运燮等编:《一个民族已经起来——怀念诗人、翻译家穆旦》,江苏人民出版社,1987年,第76页。

〔21〕蓝棣之:《论穆旦诗的演变轨迹及其特征》,杜运燮等编:《一个民族已经起来——怀念诗人、翻译家穆旦》,江苏人民出版社,1987年,第75页。

八　商籁新声：现代汉诗的十四行体

闻一多最早将英文的 sonnet 译为"商籁"，虽然有些人认为译音不够准确[1]，但是音义双关，允称佳译。众声为"籁"，高秋为"商"，可见此一诗体，绝不骀荡通融似春风，而是紧张冷肃如秋气。宋人唐庚诗云"诗律伤严似寡恩"，十四行诗正是西方格律最严谨甚至苛刻的诗体，怪不得一个英语十四行诗的选本中，编者的序言一开头就引了爱德华·托马斯（Edward Thomas，1878—1917）的话说："就我个人而言，我怕十四行。它必须是十四行，一个人若能将他的思想纳入如许限制中，他要么是个大大的诗人，要么是个冷冷的数学家。"编者接下来说：

> 十四行恰好长得足以发展一个单独的主题，又短得足以验证诗人言简意赅的天赋。十四行诗最了不起的地方在于，诗人克服了形式的限制（从一般意义上讲，所有的形式都是强制），将自己繁富多变的语言、声调、心境服服帖帖地安排到一套相当严格的规矩里去。[2]

歌德说过："在限制里方能显示出身手，只有规律能给我们自由。"在诗的领域,这些"限制"与"规律"即表现为具体的形式,也就是一定的音(metre)、韵(rhyme)、体(form)。十四行诗在音韵方面规定非常严格,而又富于变化,堪称精美的音乐图式,其长短合宜与宽严适度,可以媲美中国古典诗中的七律。格律谨严之外,十四行诗的写作也极其广泛,意、法、英、德、西、俄诸大语种的诗,都常用此体而迭出佳作。至于作者群之众与接受面之广,又只有中国古典诗中的七绝差堪比拟。举一个例子:莎剧中罗密欧和朱丽叶从携手到接吻,中间的昵昵儿女语,竟联句而成了一首韵脚工稳的十四行诗![3]

罗密欧和朱丽叶的联句十四行诗,当然是"莎士比亚式",韵脚安排一般是ABABCDCDEFEFGG。这种英国式十四行体,中国诗人很少有作,以至于王力的《汉语诗律学》论白话诗的商籁体部分竟无例可举。[4] 中国诗人都喜欢写意大利式,或者叫"彼特拉克式",特别是其中的变体,或分两节,每节行数为八六;或分四节,每节行数为四四三三。韵式前八行用抱韵(ABBA)或交韵(ABAB),后六行花样很多,可以是ABBACC、AABCCB、ABABCC,甚至可以是ABABAB。全诗最少四个韵,最多七个韵,不拘一格。

正因为意大利式变体十四行格律谨严,结构工巧,讲究构思和布局,要求层次和深度,所以很容易理解为什么中国诗人偏爱此体。大家特别认为,十四行的起承转合与五七言律相通。

但是,有些论者认为,就结构而言,十四行诗比不上律诗。比如,余光中就说过:"律诗的起承转合平均分配,可是十四行的结构并不平衡,因为起承占去了八行,转合的空间只剩六行。"[5]

朱徽也认为：十四行的结构"完全谈不上对称或匀称。这甚至要影响到它各部分的功能，即'起承转合'之间的比例失调。如'起'的部分比较重，而'转'和'合'的部分又显得比较轻，呈现出前后失衡的现象[6]。"

与以上看法相反，我恰恰认为，意大利体十四行诗的上下不对称，非但不是缺点，反而是其优点所在。中国古典律诗为整齐的八句四联，中间两联对仗，长处当然是工整，短处免不了就会是板滞，拙手写起来，结构上规行矩步，对仗时左支右绌，常常徒有体格而缺乏风姿。多亏其声音的设计妙呈连环，前后句平仄相异，上下联既相异，又相同，且复相连，一张一翕，一呼一应，方能化视觉的凝滞为听觉的流动。反观意大利体十四行体，特别是四四三三结构的那种，前面两个四行，偶数显得整齐；后面两个三行，奇数显得变化，天然具有整齐与参差的对比，凝定与松动的统一。

不妨换一个比喻性的说法。俞平伯《读词偶得》有这样一段话：

> 《玉楼春》亦名《木兰花》，四平调也，故宜排偶，便铺叙。若《浣溪沙》亦通体七字，且间有押仄韵者，上下二片亦各有一偶，非不相似也，惟其伶丁结句，惯以不定生姿，致无复平稳之气象，《浣溪沙》之重心却正在此，故虽只差了一句，而宫商便远，欲知分晓，当吟诵耳。[7]

若是不考虑对仗因素，我们正好可以将一首四四三三结构的意大利体十四行诗，视为一首《玉楼春》加上一首《浣溪沙》，四四为偶，便于"铺叙"，具"平稳之气象"；三三为奇，"伶丁结句，惯以不定生姿"。两相结合，奇偶互补，宫商相应，既深稳又灵动，既齐整又变化，竟比律诗更符合阴阳互补之道。废名曾经就冯至的《十四行集》第一首发表看法，也有相近的意思：

> 我很懂得这首诗的好处，其运用十四行体的好处是使得诗情不呆板，一方面是整齐，而又实在不整齐，好像奇巧的图案一样，一新耳目了。同样的诗情，如果用中国式的排偶写法，一定单调不见精神。[8]

正因为十四行诗有这些形式上的特长，所以当它一进入二三十年代的中国现代诗人的视野，就备受青睐。诗人们在各自不同的个性指引下，依据现代汉语的特点，借限制以显身手，使得十四行诗在东移与汉化过程中，结出了丰硕的成果。

一

在十四行诗移植的过程中，闻一多既译且作，兼有论评，贡献可谓最大。早在 1921 年，在"绍介这种诗体，恐怕一般新诗家纵不反对，也要怀疑"的时候，他就尝试写过一首十四行诗《爱的风波》，只不过他自认失败。1928 年，他翻译的白朗宁夫人的情诗《葡萄牙人十四行诗》（*Sonnets from the Portuguese*）共二十一首，分两次刊载于《新月》月刊的第一、二期上。[9] 1928 年出版的《死水》里，有两首诗是以严格的十四行体写成：《收回》与《"你指着太阳起誓"》。1931年他在给陈梦家的一封信里，又对这一诗体的特点，特别是起承转合的关节处，作了非常精到的概括：

> 总计全篇的四小段，第一段起，第二承，第三转，第四合。……"承"是连着"起"来的，但"转"却不能连着"承"走，否则转不过来了。大概"起""承"容易办，"转""合"最难，一篇的精神往往得靠一转一合。总之，一首理想的商籁体，应该是个三百六十度的圆形；最忌的是一条直线。[10]

这是闻一多对十四行体的理解。我们拿他的作品来验证，确实能见出"'秩序'在作者的'能力之内'"。这是朱湘借《死水》的诗句赞赏《死水》的话。[11] 朱湘特别喜欢十四行体，自己大写特写，也格外垂青别人用此体所写的佳作，可是朱湘视《"你指着太阳起誓"》为《死水》里的"神品"而不取《收回》，未为具眼。《"你指着太阳起誓"》当然有它值得称道的地方，比如说，用了闻一多少用的反讽手法，用流畅的口语说出类似一则戏剧里的独白，语气也变化多端。但是，一来此诗意思很单薄，二来读者对这么单薄的意旨也把握不定，因为作者似乎出现了策略上的错误，用浇薄的口吻写一种激烈的情绪。从技术上说，祈使语太多，太急促，给人零乱破碎之感，而且有的句子长达十六个字，使得整首诗缺乏从容匀称之美。而《收回》一诗，思想与艺术都更为成熟：

> 那一天只要命运肯放我们走！
> 不要怕；虽然得走过一个黑洞，
> 你大胆的走；让我拨着你的手；
> 也不用问那里来的一阵阴风。
>
> 只记住了我今天的话，留心那
> 一掬温存，几朵吻，留心那几炷笑，
> 都给拾起来，没有差；——记住我的话，
> 拾起来，还有珊瑚色的一串心跳。
>
> 可怜今天苦了你——心渴望着心——
> 那时候该让你拾，拾一个痛快，
> 拾起我们今天损失了的黄金。
> 那斑烂的残瓣，都是我们的爱，
> 拾起来，戴上。
> 　　　　你戴着爱的圆光，
> 我们再走，管他是地狱，是天堂！

以庄严的语调歌颂高贵的爱情，意象既对立又统一：黑洞、阴风、吻、笑、心跳、花瓣、爱的圆光，经过否定的力量的考验，最后臻于神圣。"珊瑚色的一串心跳"，"我们今天损失了的黄金"，这些表达都新鲜别致。特别是第十三行，照西洋习见的方式截作两

个半行,在全诗中规中矩的起承转合中,又平添了一个小小的波澜。

二

1928年,徐志摩在介绍闻一多所译的白朗宁夫人十四行诗时,说:

> 这是一件可纪念的工作。因为"商籁体"那诗格是抒情诗体例中最美最庄严,最严密亦最有弹性的一格,在英国文学史上从汤麦斯槐哀德爵士(Sir Thomas Wyatt)到阿寨沙孟士(Arthur Symons)这四百年间经过不少名手的应用还不曾穷尽它变化的可能。[12]

其实在1925年与1926年间,他自己也曾译过沙孟士的十四行诗 *Amoris Victima* 两首,不过要到1931年7月,徐志摩才动手写了一首商籁体诗,作为生前最后一个手编诗集《猛虎集》的《献诗》,后以《云游》为题发表在他主编的《诗刊》上。无论以什么标准来看,都可以算作徐氏最好的诗之一:

> 那天你翩翩的在空际云游,
> 自在,轻盈,你本不想停留
> 在天的哪方或地的哪角,
> 你的愉快是无拦阻的逍遥。

你更不经意在卑微的地面
　　有一流涧水，虽则你的明艳
　　在过路时点染了他的空灵，
　　使他惊醒，将你的倩影抱紧。

　　他抱紧的只是绵密的忧愁，
　　因为美不能在风光中静止；
　　他要，你已飞渡万重的山头，
　　去更阔大的湖海投射影子！
　　他在为你消瘦，那一流涧水，
　　在无能的盼望，盼望你飞回！[13]

　　徐志摩写诗喜欢押偶韵，他翻译沙孟士的两首十四行诗也通篇用了偶韵。西洋的十四行诗这样押韵的不是没有，如约翰·克莱尔（John Clare，1793—1864）的一首 *Hay Making* 就是，但毕竟出格。这首《云游》，前八行用了偶韵，也属罕见，可算是变格中的变格了，但是我们得承认，这首诗偏宜押偶韵，因为要配合"云游"的风姿。结果呢，音调非常自然，节奏十分轻快。

　　这自然轻快的效果之造成，除了偶韵的使用，还有三个重要因素。

　　一、前八行三度跨行："你本不想停留/在天的哪方或地的哪角"，"你更不经意在卑微的地面/有一流涧水，虽则你的明艳/在过路时点染了他的空灵"，使得行断而句不断，句法腾挪灵动之至，与诗中所写的对方那种不粘不滞的潇洒态度吻合无间。

二、特别频繁地使用了双声叠韵技巧。双声如"自在""绵密"等,叠韵如"轻盈""逍遥""卑微""点染""空灵""忧愁""湖海"等。王国维《人间词话删稿》第二条谓"荡漾处多用叠韵,促节处多用双声",正好解释此诗的音节为何如此和雅。

三、前八行与后六行之间的一"转"(turn),用了"顶针"的修辞手法:"使他惊醒,将你的倩影抱紧。/他抱紧的只是绵密的忧愁",首尾蝉联,重复述说,造成声音上的小停顿,激起意义上的大落差。末行再次叠用"盼望"二字,生出最后一个波澜而至于平复。

以上三个因素,"跨行"很西化,"双声""叠韵"与"顶针"又很有旧的渊源。徐志摩最好的诗篇总是如此,结体与造句是良性的西化,而用语又是恰到好处的古典风味,如《再别康桥》《偶然》等,都是。这首《云游》更是因难见巧,用了道地的中文,写了道地的十四行诗。针对梁实秋"用中文写sonnet永远写不像"的观点,徐志摩曾说:

> 我却以为这种以及别种同性质的尝试,在不是仅学皮毛的手里,正是我们钩寻中国语言的柔韧性乃至探检语体文的浑成,致密,以及别一种单纯"字的音乐"(Word-music)的可能性的较为方便的一条路。[14]

这首《云游》,在严谨的十四行的格局内舒展自如,果然做到了"柔韧""浑成""致密",用现代汉语谱写出了"字的音乐"。

三

作为学生,"卞之琳的文体完全发展了徐志摩的文体"[15],这是废名的看法,确有道理。比如,与徐志摩唯一的十四行诗《云游》一起发表的,就有卞之琳的平生第一首商籁体诗《望》,且不同于前者的变格,后者径直用了意大利式正体。自此以后,卞之琳总共写过十五首十四行诗,都是意大利式,几乎占他全部诗作的十分之一。这既同他对新诗形式问题的关切分不开,也同他喜欢的那些西方诗人有联系。他翻译过魏尔伦、瓦雷里、奥登,而他们全都是十四行体的大师。

抗战前夕,卞之琳就用十四行体写出了精圆的《淘气》和《灯虫》,设色秾丽,意象精致,可以置于各种语言所写的十四行诗名作之列而无愧色。抗战中,他又用此体写了五首"慰劳信",向军政首长与一般战士致敬。下面举出他的《给委员长》一诗,作者自编的诗汇集《雕虫纪历 1930—1958》未收,有因为罕见而致遗忘之虞:

> 你老了!朝生暮死的画刊
> 如何拱出了你一副霜容!
> 忧患者看了不禁要感叹,
> 像顿惊岁晚于一树丹枫。
>
> 难怪啊,你是辛苦的顶点,

五千载传统，四万万意向
　　找了你当喷泉。你活了一年
　　就不止圆缺了十二个月亮。

　　会装年青的只有狐狸精；
　　你一对眼睛却照旧奕奕，
　　夜半开窗当无愧于北极星。

　　"以不变驭万变"又上了报页，
　　你用得好啊！你坚持到底
　　也就在历史上嵌稳了自己。

　　《卞之琳著译研究》的作者张曼仪分析此诗，非常到位：上半阕八行展示了一组变易意象——老、朝生暮死、霜容、岁晚、丹枫（枫叶经秋转红）、月亮的圆缺，从自然界的现象提出为国事操劳的首脑（"辛苦的顶点""四万万意向"的"喷泉"）难免衰老，表达了老百姓的忧虑，也拍合"慰劳"的主题。下半阕来一个转折，"不变"的意象渐渐建立起来以致取得主导地位，由"眼睛却照旧奕奕"开始，然后引出"以不变驭万变"，终于勉之以抗战到底——"你坚持到底／也就在历史上嵌稳了自己"，到诗篇结束时完全是"不变"占了优势，大可稳如泰山了。[16]

　　前面曾引闻一多说："一首理想的商籁体，应该是个三百六十度的圆形。"卞之琳恰恰对圆形的结构深有偏爱。他的好多诗，或明承或暗袭，或正连或反接，总是处心积虑使之呈现为一个完整的圆。《淘气》和《灯虫》那两首十四行诗正是如此。《淘气》以"淘气的孩子,有办法"开头,以"你在我对面的墙上/写下了:'我真是淘气'"结尾,同样的字眼分置于一首一尾,整首诗形成一个紧密的圆环。又如《灯虫》,以"可怜以浮华为食品"起始,"像风扫满地的落红"作结,始终都用了"空花"的意象,形容浮浪的灯虫也如所追求的对象一样虚妄。但是,最隐蔽的三百六十度圆形,却要数这首《致委员长》。首行"你老了!朝生暮死的画刊"与末行"也就在历史上嵌稳了自己",让短暂与永久、多变与不变形成对比,只不过是用了反接的手段,相反适以相成:短命的"画刊"与长存的"历史"虽然有别,作为人物形象的记录,本质上说还是同一的。

四

若论集中地写作十四行诗,从而大大扩展了这一诗体的影响,当然首推冯至。

但是,不像卞之琳总是严守十四行诗的一般要求,往往划节而治,起承转合都非常鲜明;冯至似乎不大理会各节之间的畛域,所以频频跨行,而且不单跨在一二节或三四节之间的小停顿上,更跨在前八行与后六行之间的大转折上,结果使得那至关重要的一"转"消泯于无形。这恐怕首先要归因于两人所学习的对象有别。卞之琳最喜欢的诗人是瓦雷里,而瓦雷里对形式的看法具有古典主义的节制,其十四行诗的写作也法度森严;冯至心慕手追的则是里尔克,而里尔克写起十四行诗来,却"横放杰出,自是曲子中缚不住者"。冯至直接取法的,是《致奥尔菲斯的十四行》（*Die Sonette an Orpheus*）。关于这部诗集,里尔克说:

> 我总称为十四行。虽然是最自由、所谓最变格的形式,而一般都理解十四行是如此静止、固定的诗体。但正是:给十四行以变化、提高、几乎任意处理,在这情形下是我的一项特殊的实验和任务。[17]

正因为如此,他的英译者麦金泰尔（C. F. MacIntyre）才会说他在十四行诗中经常表现得像一匹"牛仔竞技会上的野马"（a mustang at a rodeo）[18]。就跨行而言,在里尔克《致奥尔菲斯的十四行》的五十五首诗中,跨行跨在八九行之间的有十二首,到了冯至《十四行集》中,则变本加厉地扩展为二十七首中的十三首。对此,冯至颇有自知之明:

> 我有时在行与行之间、节与节之间试用跨句,有成功也有失败,成功的可以增加语言的弹性和韧性,失败的则给人以勉强凑韵的感觉。[19]

那些失败的地方,早就有人作过严厉的批评。比如废名,就一再指责作者将"可是""都"这样的词放在一节诗的末尾,硬性跨行。[20] 可是,冯至的成功之处也实在是大有可观。不妨举出《十四行集》第二十一首"我们听着狂风里的暴雨",以为明证:

八 商籁新声:现代汉诗的十四行体

我们听着狂风里的暴雨，
我们在灯光下这样孤单，
我们在这小小的茅屋里
就是和我们用具的中间

也有了千里万里的距离：
铜炉在向往深山的矿苗，
瓷壶在向往江边的陶泥，
它们都像风雨中的飞鸟

各自东西。我们紧紧抱住，
好像自身也都不能自主。
狂风把一切都吹入高空，

暴雨把一切又淋入泥土，
只剩下这点微弱的灯红
在证实我们生命的暂住。

在一个狂风暴雨之夜，诗人恍惚中感觉一切都那么陌生，那么靠不住，仿佛都要离之远去。"铜炉在向往深山的矿苗，/瓷壶在向往江边的陶泥"，一些身外之物，也要脱离人工赋予的形体，返回到自己存在的源头去。平常熟悉的现实突然超越了自己的认识，再也无法把握，越发显得我们的"孤单"。但是，在这遮蔽我们的"小小的茅屋里"，毕竟有一点"微弱的灯红"，证明着我们的生命虽然短暂，脆弱，却依然执着地存在。

最好的诗的艺术，是内容与形式的完美统一。这首诗在形式上的卓异之处，在于三次跨行都巧妙地利用了每节之间的空白。一二节之间是"和我们用具的中间/也有了千里万里的距离"，一行隔开，正好是个"距离"；二三节之间是"风雨中的飞鸟/各自东西"，空白处又仿佛鸟儿飞行之所；三四节之间，"狂风把一切都吹入高空"在前在上，"暴雨把一切又淋入泥土"在后在下，中间停顿一下，有个时间上的延宕。就这样，三处地方似断实连，整体上给人一气贯注之感，就像废名说的："因为十四行体，即是'巧'，这一章波动到那一章，真像波浪似的，章完而句子不完，很有趣，章法的崎岖反而显得感情生动，这不是十四行体的好处吗？"[21]

冯至在《十四行集》末首中写道，自己的这些诗，有如瓶子给"泛滥无形的水"以定型，有如旗子给"把不住的事体"以把握。但定型与把握并不意味着僵化。罗门曾赞叹《十四行集》说：

> 作者在创作中，采用十四行诗的固定形式，一般情形，都难免构成对诗有约束力的框架，呈现某些呆板与机械的现象，影响诗自由伸展的机能。但诗人冯至却能以他内在自然流露的生命原力，将有形框架的约束力溶解，使"形式"与诗的情思内涵达到相浑和的作用。[22]

五

在对十四行诗进行本土移植的过程中，上述四位诗人所起的作用最为显著:闻一多善于守法,徐志摩敏于变法,卞之琳精于用法,冯至敢于破法。当然,还有不少诗人写过十四行诗体,但影响并不十分突出,因为这与他们诗歌创作的整体成绩的高低是有关系的。

短短的二十年中,一种在西方拥有七百多年历史和无数杰作的传统诗体,在中国生了根,开了花,结了果。这与唐宋以来经由近体律绝所培养的诗人们对固定音乐图式的追求是分不开的,也同明清以来八股取士造成起承转合的思维定势已经内化为诗人们的本能有关。[23] 因此,能否利用十四行体写出佳作,不仅要看诗人对这一异域的形式的理解与掌握程度,而且受到中国固有的文学传统的隐性制约。

一个诗人有没有出色的形式感,常常能够通过十四行诗加以检验。比如,戴望舒和穆旦也曾写过十四行诗,虽然都只是聊备一格。戴望舒的《十四行》(1927)"夜雨飘落在你披散的鬓边",韵式为AABB,AABB,CCC,DDD,被王力批评为"格律最差","音数极为参差不齐,也不合于商籁的规矩"。[24] 同样的情况也出现在了穆旦的身上。前面一章中我已经提到,他的《诗四首》(1948),用的虽是十四行体,然而诗行忽长忽短,韵脚忽有忽无,只徒具十四行的轮廓而已。看来他俩都属于对精严工巧的诗体很不讲究的那种人了,其实不然。戴望舒的《十四行》是他的少作,其不懂十四行诗的规矩是可以原谅的;穆旦的《诗四首》则创作于他的鼎盛时期,仍然不理会这个规矩就说不过去了。

再说,写作之外,还有翻译。如何处理一首十四行诗的翻译问题,也能见出一位诗人的形式感的优劣。这方面,戴望舒和穆旦恰恰成为对比。1947年,戴望舒出版了他译的波德莱尔《恶之花掇英》,收诗二十四首,其中有十一首十四行诗。戴望舒无一例外地,依照原诗的音数与韵式加以对译,结果,真的做到了王佐良所说的,"首首是精品"[25]。我们来看下面这首《入定》:

乖一点,我的沉哀,你得更安静,
你吵着要黄昏,它来啦,你瞧瞧:
一片幽暗的大气笼罩住全城,
与彼带来宁谧,与此带来烦恼。

当那凡人们的卑贱庸俗之群,
受着无情刽子手"逸乐"的鞭打,
要到奴性的欢庆中采撷悔恨,
沉哀啊,伸手给我,到这边来吧,

避开他们。你看那逝去的年光,
穿着过时衣衫,凭着天的画廊,
看那微笑的怅恨从水底浮露,

看睡在涵洞下的垂死的太阳,
我的爱,再听温柔的夜在走路,
就好像一条长殓布曳向远方。

第二个四行确实较弱,可这是原文本身的弱,而译作完全做到瓦雷里所说的："这首诗的最初几句和最后几句却有着那样大的魔力，竟使中间一段不觉得拙劣，而且容易被当作虚无而不存在。"[26]

对于戴望舒来说，翻译波德莱尔的首要意义是："这是一种试验，来看看波德莱尔的质地和精巧纯粹的形式，在转变成中文的时候，可以保存到怎样的程度。"[27]可见戴望舒尽管写的是自由诗，可他对中国现代诗形式问题仍然强烈地关注着。但穆旦似乎并不把这个问题放在心上，至少不像戴望舒那样地"煞费苦心"。这从他的十四行诗译作约略可知。晚年的穆旦，译过奥登两个十四行诗组，即《在战时》的二十七首和《探索》的十首。可是，符合十四行诗押韵规定的，只有前一组的第三首"只有嗅觉能有感情让人知道"，和后一组的《道》"每一天都有一些新的附录"，其余的都未能遵守十四行诗的韵式规定。这也就是我为什么说"穆旦显然缺乏奥登那样的形式感和语感，更谈不上后者特具的音韵的魅力"的根本原因。

六

冯至《十四行集》出版之后，朱自清相信，十四行诗从此建立了基础，无疑将会在中国诗里活下去。他说：

> 无韵诗和十四行值得继续发展下去；别种外国诗体也将融化在中国诗里。这是摹仿，同时也是创造，到了头都会变成我们自己的。

无论是试验外国诗体或创造"新格式与新音节",主要的是在求得适当的"匀称"和"均齐"。自由诗只能作为诗的一体而存在,不能代替"匀称""均齐"的诗体,也不能占到比后者更重要的地位。外国诗如此,中国诗不会是例外。[28]

朱自清讲这个话是在1943年,迄今已经过去了整整六十年。现在看来,他的预言大抵落了空:自由诗对格律诗压倒性的存在有目共睹,外国诗体的试验并没有持续下去,中国诗的新形式也没有确立起来。

就十四行诗而言,六十年来不是没有人写过,而且写的人还相当多,但成绩很差,再也没有达到过卞之琳和冯至那样的水平。有很多作者认为,应该对十四行诗的形式加以变通,这样才叫中国化。他们拿十四行诗进行试验,却似乎只以这特定的行数为唯一的约束,结果呢,"我们在各种印刷品上看到的,大多是些被破相的、被致残的十四行"[29]。对于八十年代以来产生的绝大多数十四行诗,有学者归纳如下:

这些"自己的十四行"的共同特点是:a、借用每首十四行数,有时也借用分段法;b、借用十四行容情和固情的特点,大多写得单纯,诗意绵延而下;c、诗行的长短和音组音数均不限,自由为之;d、诗韵随意,有的甚至写无韵十四行。[30]

如果一首十四行体只需要符合一个条件,即写满十四行就成,岂非过于简单化？等到这些枉担十四行诗虚名的东西出现，我们也就发觉，假若能够约定俗成地使用"商籁"的译名，反而可以从根本上杜绝那种望文生义的理解。

当然，也有不少人是真诚地探索十四行诗的中国化，但是，他们往往陷入了两大认识误区。首先，有不少人坚持古典诗的传统做法，将其十四行诗只于偶行押韵，并且往往一韵到底。他们总认为一韵到底是古典诗词的常态，并且说：

> 我国古典诗词和民歌，绝大多数一直采用"单交韵"即隔行押韵，一三不论，二四分明；以及随韵。只有极少数在历史上（例如唐五代词）偶尔出现过"抱韵"的例子。按照我国现代汉语的特点，单交韵（AAOA 或 XAOA）即第二、四行相押、首行可押可不押，第三行一般不押韵，这种韵式是中国人喜闻乐见的；随韵（即每两行押一个韵）也还是受欢迎的。[31]

一韵到底和隔行押韵，单就古典的韵文而言是符合实情的。但是，世易时移，情况也已经发生了变化。我们也不能"只认识到一韵到底的一贯性，而认识不到它的单调性"[32]。再说，古代汉语以单音节为主，基本上以四、五、七言建行，故隔行押韵，虽疏仍密；现代汉语以双音节为主，一行诗动辄十字以上，若仍然沿袭习惯做法，韵脚就会显得太松散，起不到连接与呼应的效果。这才是现代汉语新的特点，当然不能以所谓喜闻乐见为托辞。

其次，有人拿十四行诗当自由诗来写，也有人仍然追求字数的整齐划一，以为这才是严整的格律。殊不知从闻一多到卞之琳，都已经对现代汉语的基本因素进行了卓有成效的分析，探讨并总结出符合其本质规律的建行条件，奠定了以"顿"（或称"音尺""音步"）的均齐为主要特点的现代汉诗格律基础。以二字顿和三字顿为主体，辅以一字顿和四字顿，适当作参差又均衡的调配，诗行不求字数划一，而需顿数均齐，就可以组成既严谨又充满弹性的诗节。事实上，这一套从理论到实践都已经相当成熟，可是还有那么多人不予理会，实在令人遗憾。

如果我们置西方数百年里发展出来的定规成例于不顾，率性而为的去搞种种花样，而自命为探索十四行诗的"中国特色"与"个人特色"，这样的本土化与个性化，结果只能是橘逾淮而为枳，最终丧失十四行诗的本质。正如弗朗西斯·约斯特所说的，十四行诗以其外观上固定、界说上精确的形式而成为少数几个定义明确的文学术语之一，规则虽然专断，但经受了时间的考验，并广为当代诗人采用，这一切只是因为：

> 从本质上讲，这是一种"战胜难关"的样式，它考验出一个诗人的艺术水平，衡量出他的全部专业技巧。一个包含韵脚及诗歌分行格式的框架放在诗人面前，他便去填写出来。具有一定特色的思想或情感只能被压缩在这种削足适履的模子里。

> 我们还是会继续写作、阅读和欣赏十四行的十四行诗。这是传统在起作用，在绝大多数情况下，任何传统只有适合于人类心灵中某种奥秘的需求才能得以保存。虽然诗人在许

多问题上可能都显得灵活善变，但对于十四行诗他却寸步不让。[33]

我们已经无法像朱自清那样自信地预测十四行诗在中国将来的命运。因为在过去一个世纪里，诗的观念和艺术的观念都在不断的嬗变中，以至于好多看来是天经地义的常识都会受到质疑。现代汉诗究竟需不需要定型的形式，这完全要看未来人们将持有何种文学观念，甚至社会思想观念。如果一个相对稳定的社会渴望一些相对稳定的诗的形式，以作为这个社会共同体成员之间相互交流思想与情感的工具，则歌德所说的"限制"与"规律"的艺术品质还会为人们所珍视，定型的诗体亦将再度为诗人所用。这种情况一旦成为现实，那么我们可以肯定，十四行诗作为最典范的格律诗体，作为拥有极为丰富的审美可能性的诗歌形式，在现代汉诗的未来发展中一定会占有重要的地位，并且大放异彩。在另一个地方，关于格律诗我说过这样一段话，我想移用在此，以为本章作结：

> 从更高的层次去认识格律诗的重要与必要，我想，格律诗绝不等于在大致齐整的诗行中顺手押几个韵脚那么简单。它不仅可以借助其外在的统一，而且可以建构其内在的统一，以双重的有机统一来抵御时间的侵蚀，让一篇音义俱佳的作品，在现代世界浮动的声色与光影之间，轻轻地，但是却牢牢地，抓住些什么。

注 释

〔1〕许霆、鲁德俊：《十四行体在中国》，苏州大学出版社，1995 年，第 25—26 页。

〔2〕Linda Marsh: Introduction to *Book of Sonnets*. edited by Linda Marsh. Hertfordshire: Wordsworth Editions Ltd., 1995, p. iv.

〔3〕William Shakespeare: *Romeo & Juliet*. Act 1, Scene 5.

〔4〕王力：《汉语诗律学》，上海教育出版社，2002 年，第 981 页。

〔5〕余光中：《锈锁难开的金钥匙——序梁宗岱译〈莎士比亚十四行诗〉》，《井然有序》，九歌出版社，1996 年，第 235 页。

〔6〕朱徽：《中英比较诗艺》，四川大学出版社，1996 年，第 238 页。

〔7〕俞平伯：《读词偶得》，上海书店据开明书店 1947 年初版影印，1984 年，第 47 页。

〔8〕冯文炳（废名）：《谈新诗》，人民文学出版社，1984 年，第 208 页。

〔9〕原诗共二十三首，闻一多不知为何缘故，最后两首未译。也不知出于什么原因，1948 年上海开明版《闻一多全集》收入译诗，只收了刊在《新月》第一卷第一期的《白朗宁夫人的情诗》前十首，第二期上后续的十一首却不见收。1995 年蓝棣之编的浙江文艺版《闻一多诗全编》，沿袭了开明版的做法。我看不出这么做的理由，因为最后两首写得并非不好，而后面十一首译得也并不比前边的差。

〔10〕闻一多：《谈商籁体》，《闻一多全集》第二卷，湖北人民出版社，1993 年，第 168 页。

〔11〕朱湘：《闻一多与〈死水〉》，《文艺复兴》第三卷第五期（1947 年 7 月），第 528 页。

〔12〕徐志摩：《白朗宁夫人的情诗》，《新月》第一卷第一期（1928 年 3 月），第 163 页。

〔13〕本诗作为《献诗》在1931年8月出版的《猛虎集》中,诗行作四四四二排列;以《云游》为题发表在1931年10月5日出版的《诗刊》第三期上,改成前八后六的格式,显然是因为作者觉得后一种更好。

〔14〕徐志摩:《诗刊·前言》,原载《诗刊》第二期(1931年4月20日),引自《徐志摩全集·补编八·散文集》,上海书店据商务印书馆1993年版重印,1995年,第389页。

〔15〕冯文炳(废名):《谈新诗》,人民文学出版社,1984年,第166页。

〔16〕张曼仪:《卞之琳著译研究》,香港大学中文系,1989年,第74页。

〔17〕冯至:《我和十四行诗的因缘》,《世界文学》,1989年第1期,第285页。

〔18〕Rainer Maria Rilke: *Sonnets to Orpheus*. translated by C. F. MacIntyre. Berkeley: University of California Press, 1960, p. xvi.

〔19〕冯至:《诗文自选琐记》,《新文学史料》,1983年第2期,第29页。

〔20〕冯文炳(废名):《谈新诗》,人民文学出版社,1984年,第203—206页。

〔21〕冯文炳(废名):《谈新诗》,人民文学出版社,1984年,第205页。

〔22〕罗门:《诗人冯至的〈十四行诗集〉》,香港《诗双月刊》第二卷第六期与第三卷第一期合刊"冯至专号"(1991年7月1日),第76页。

〔23〕闻一多给陈梦家的信中讲十四行诗的起承转合,特别要提醒一下:"我讲的依然是商籁体,不是八股!"之所以要撇清,是因为实在不容易撇清。见闻一多:《谈商籁体》,《闻一多全集》第二卷,湖北人民出版社,1993年,第168页。

〔24〕王力:《汉语诗律学》,上海教育出版社,2002年,第977页。

〔25〕王佐良:《译诗与写诗之间——读〈戴望舒译诗集〉》,《王佐良文

集》,外语教学与研究出版社,1997年,第477页。

[26] 瓦雷里:《波德莱尔的位置》,《戴望舒译诗集》,戴望舒译,湖南人民出版社,1983年,第116页。

[27] 戴望舒:《〈恶之花〉掇英·译后记》,《戴望舒译诗集》,戴望舒译,湖南人民出版社,1983年,第153页。

[28] 朱自清:《诗的形式》,《新诗杂话》,生活·读书·新知三联书店,1984年,第102页。

[29] 北塔:《论十四行诗式的中国化》,《中国现代文学研究丛刊》,2000年第4期,第186页。

[30] 许霆、鲁德俊:《十四行体在中国》,苏州大学出版社,1995年,第226页。

[31] 陈明远:《郭沫若与"颂内体"》,郭沫若、陈明远:《新潮》,中国文联出版公司,1992年,第295页。

[32] 北塔:《论十四行诗式的中国化》,《中国现代文学研究丛刊》,2000年第4期,第167页。

[33] 弗朗西斯·约斯特:《在欧洲环境中的十四行诗》,《比较文学导论》,廖鸿钧等译,湖南文艺出版社,1988年,第218页。

参考书目

徐志摩:《徐志摩全集》,上海书店据商务印书馆1993年版重印,1995年。

闻一多:《闻一多全集》,湖北人民出版社,1993年。

戴望舒:《戴望舒全集》,中国青年出版社,1999年。

卞之琳:《卞之琳文集》,安徽教育出版社,2002年。

卞之琳译:《卞之琳译文集》,安徽教育出版社,2000年。

何其芳:《何其芳文集》,人民文学出版社,1982年。

冯至:《冯至全集》,河北教育出版社,1999年。

李方编:《穆旦诗全集》,中国文学出版社,1996年。

查良铮编译:《英国现代诗选》,湖南人民出版社,1985年。

梁锡华:《徐志摩新传》,联经出版公司,1979年。

韩石山:《徐志摩传》,十月文艺出版社,2001年。

刘烜:《闻一多评传》,北京大学出版社,1983年。

陈丙莹:《戴望舒评传》,重庆出版社,1993年。

张曼仪:《卞之琳著译研究》,香港大学中文系,1989年。

袁可嘉、杜运燮、巫宁坤编:《卞之琳与诗艺术》,河北教育出版社,1990年。

方敬、何频伽：《何其芳散记》，四川教育出版社，1990年。

周棉：《冯至传》，江苏文艺出版社，1993年。

冯姚平编：《冯至与他的世界》，河北教育出版社，2001年。

杜运燮等编：《一个民族已经起来——怀念诗人、翻译家穆旦》，江苏人民出版社，1987年。

朱自清：《新诗杂话》，生活·读书·新知三联书店，1984年。

冯文炳（废名）：《谈新诗》，人民文学出版社，1984年。

叶公超：《叶公超散文集》，洪范书店，1982年。

梁实秋：《谈闻一多》，传记文学出版社，1967年。

俞平伯：《读词偶得》，上海书店据开明书店1947年初版影印，1984年。

梁宗岱：《诗与真》，上海商务印书馆，1935年。

钱锺书：《宋诗选注》，人民文学出版社，1982年。

李广田：《诗的艺术》，开明书店1943年初版，香港汇文阁书店重印。

王力：《汉语诗律学》，上海教育出版社，2002年。

王佐良：《王佐良文集》，外语教学与研究出版社，1997年。

叶嘉莹：《迦陵论词丛稿》，河北教育出版社，2000年。

曾小逸主编：《走向世界文学：中国现代作家与外国文学》，湖南人民出版社，1985年。

王毅：《中国现代主义诗歌史论1925—1949》，西南师范大学出版社，1998年。

王泽龙：《中国现代主义诗潮论》，华中师范大学出版社，1995年。

谭楚良：《中国现代派文学史论》，学林出版社，1996年。

张新颖：《20世纪上半期中国文学的现代意识》，生活·读书·新知三联书店，2001年。

郑敏：《诗歌与哲学是近邻：结构—解构诗论》，北京大学出版社，1999年。

蓝棣之：《现代诗的情感与形式》，华夏出版社，1994年。

金丝燕：《文学接受与文化过滤——中国对法国象征主义诗歌的接受》，中国人民大学出版社，1994年。

解志熙：《生的执著——存在主义与中国现代文学》，人民文学出版社，1999年。

郭沫若、陈明远：《新潮》，中国文联出版公司，1992年。

黄维樑、江弱水编：《余光中选集》，安徽教育出版社，1999年。

王伟明：《诗人诗事》，诗双月刊出版社，1999年。

黄灿然：《必要的角度》，辽宁教育出版社，2001年。

许霆、鲁德俊：《十四行体在中国》，苏州大学出版社，1995年。

朱徽：《中英比较诗艺》，四川大学出版社，1996年。

赵振江：《西班牙与西班牙语美洲诗歌导论》，北京大学出版社，2002年。

郑克鲁：《法国诗歌史》，上海外语教育出版社，1996年。

刘若端编：《十九世纪英国诗人论诗》，人民文学出版社，1984年。

王恩衷编：《艾略特诗学文集》，国际文化出版公司，1989年。

里尔克：《给一个青年诗人的十封信》，冯至译，生活·读书·新知三联书店，1994年。

臧棣编：《里尔克诗选》，中国文学出版社，1996年。

戴维·洛奇编：《二十世纪文学评论》，葛林等译，上海译文出版社，1987年。

张京媛主编：《当代女性主义文学批评》，北京大学出版社，1992年。

马·布雷德伯里、詹·麦克法兰编：《现代主义》，胡家峦等译，上海外语教育出版社，1992年。

M. H. 艾布拉姆斯：《镜与灯：浪漫主义文论及批评传统》，郦稚牛等译，北京大学出版社，1989年。

弗朗西斯·约斯特：《比较文学导论》，廖鸿钧等译，湖南文艺出版社，1988年。

孙周兴选编：《海德格尔选集》，生活·读书·新知上海三联书店，1996年。

爱德华·W·萨义德：《东方学》，王宇根译，生活·读书·新知三联书店，1999年。

厄尔斯特·盖尔纳：《民族与民族主义》，韩红译，中央编译出版社，2002年。

霭理士：《性心理学》，潘光旦译，生活·读书·新知三联书店，1987年。

弗洛伊德：《论文学与艺术》，常宏等译，国际文化出版公司，2001年。

荣格：《心理学与文学》，冯川、苏克译，生活·读书·新知三联书店，1987年。

顾彬讲演、曹卫东编译：《关于"异"的研究》，北京大学出版社，1997年。

Percy Bysshe Shelley: *Poems*. edited by Isabel Quigly. London: Penguin Books Ltd., 1956.

John Keats: *Selected Poems*. London: Penguin Books Ltd., 1996.

William Wordsworth: *Selected Poems*. London: Penguin Books Ltd., 1996.

T. S. Eliot: *A Choice of Kipling's Verse*. London: Faber & Faber, 1941.

T. S. Eliot: *Selected Poems of T. S. Eliot*. London: Faber & Faber, 1976.

T. S. Eliot: *Selected Prose of T. S. Eliot*. edited by Frank Kermode. London: Faber & Faber, 1975.

Paul Valéry: *Selected Writings of Paul Valéry* (Distinguished Volume). New York: New Directions, 1964.

Paul Valéry: *The Art of Poetry*. translated by Denise Folliot. London: Routledge, 1985.

Rainer Maria Rilke: *Sonnets to Orpheus*. translated by C. F. MacIntyre. Berkeley: University of California Press, 2001.

W. H. Auden: *Selected Poems*. edited by Edward Mendelson. New York: Faber & Faber, 1979.

W. H. Auden: *The Dyer's Hand and Other Essays*. New

York: Random House, 1962.

Linda Marsh (ed.): Introduction to *Book of Sonnets*. Hertfordshire: Wordsworth Editions Ltd., 1995.

向百年新诗致敬

一 致敬郭沫若

今年是新诗诞生一百周年。重温百年诗史,我想用一系列短短的赏析文字,向最初三十年中为新诗的成长做出重要贡献的一系列诗人致敬。

首先致敬的是:郭沫若。为什么不是胡适?因为《尝试集》里无好诗,只有史料价值,没有艺术价值。《尝试集》是1920年由亚东图书馆出版,而郭沫若的《女神》是1921年由泰东图书局出版。从艺术成就上来说,一个很"亚",一个很"泰"。胡适自己说他写诗脱不了旧词曲的味道,是裹过脚的女人的"放脚鞋样",而《女神》完全是"天足",是新诗人印在大海边的新沙上的第一行脚印。

郭沫若一上手就把中国诗的制式给改了。他用毫不拘谨扭捏的活脱脱的现代汉语写作,比如《凤凰涅槃》,《女神》中最重要的一首诗,用热烈的合唱寓言/预言了中华民族从苦难与死亡中转生而迎来伟大的复兴。全诗格调崇高,主题庄严,结构精工,堪称中国新诗第一块碑石。诗句或长或短，或散或整，又大量使用排比的句法和复沓的章法，加上用韵错落有致，使得整首诗节奏鲜明，旋律流畅，到最后的凤凰和鸣，简直成了一片声音的交响，有一种不可细诘的神秘效果：

>我们更生了，
>我们更生了。
>一切的一，更生了。
>一的一切，更生了。
>我们便是他，他们便是我，
>我中也有你，你中也有我。
>　我便是你，
>　你便是我。
>　火便是凰。
>　凤便是火。
>　翱翔！翱翔！
>　欢唱！欢唱！

现在有很多人不喜欢郭沫若，不喜欢"我是一条天狗呀"的自大狂的谵语，觉得他躁动，浮夸，艺术上经常失控。可是，郭沫若才大如海，其成就非我辈所容置喙。《女神》在他不过是初试啼声，历史学和甲骨文研究才是他精微渊深的立命之所。即使《李白与杜甫》，如今读起来，仍深感非大手笔莫办，哪里是一句"迎合上意的趋时之作"就能打发得了。我们还是说回《女神》。

如果静下来通读《女神》，多数时候，你会感觉很新鲜，很安静。郭沫若是在日本九州的博多湾写这些诗的。那是天海之间光与云与波中的裸身沐浴，是天地之初的素面相亲。如《春之胎动》：

独坐北窗下举目向楼外四望：
春在大自然的怀中胎动着在了！

远远一带海水呈着雌虹般的彩色，
俄而带紫，俄而深蓝，俄而嫩绿。

暗影与明辉在黄色的草原头交互浮动，
如像有探海灯在转换着的一般。

天空最高处作玉蓝色，有几朵白云飞驰；
白云的缘边色如乳糜，叫人微微眩目。

楼下一只白雄鸡，戴着鲜红的柔冠，
长长的声音叫得已有几分倦意。

几只杂色的牝鸡偃伏在旁边的沙地中，
都带着些娇慵无力的样儿。

海上吹来的微风才在鸡尾上动摇，

早悄悄地偷来吻我的颜面。

空漠处时闻小鸟的歌声。
几朵白云不知飞向何处去了。

海面上突然飞来一片白帆……
不一刹那间也不知飞向何处去了。

  白雄鸡戴着鲜红的柔冠，海上吹来的微风在鸡尾上动摇，真是意态生动，意象鲜明。海天的色彩把握得如此细腻，写出了光与影的微妙层次。隔了一百年的时光回望，这些诗句还是那么新鲜、净朗、华美、芬芳。
  《女神》第三辑一开始就是《Venus》："我把你这张爱嘴，/比成着一个酒杯。/喝不尽的葡萄美酒，/会使我时常沉醉。//我把你这对乳头，/比成着两座坟墓。/我们俩睡在墓中，/血液儿化成甘露！"给人的第一印象，是文人无行的风流轻薄。看人，还是要顾及全人。郭沫若虔敬、清纯而动人的爱情之什，是在他写于1925年的第三个诗集《瓶》中。诗中思恋的对象，是一位杭州女生，蜀锦上衣，青罗短裙，碧绿的绒线鞋儿上着耳根，桔梗花色的丝袜后鼓出脚胫。我们来读第六首，作于2月22日夜：

星向天边坠了，
石向海底沉了，
信向芳心殒了。

春雨洒上流沙，
轻烟散入云霞，
沙弥礼赞菩萨。

是蔷薇尚未抽芽？
是青梅已被叶遮？
是幽兰自赏芳华？

有鸩不可遽饮，
有情不可遽冷，
有梦不可遽醒！

我望邮差加勤，
我望日脚加紧，
等到明天再等。

　　一开始就是经典的比兴手法，而比多于兴。星坠石沉，都是比喻"信向芳心殒了"。接下去却不说自己怎么沮丧，怎么焦灼，却一笔宕开写身外景致，烟、雨、流沙、云霞，而"沙弥礼赞菩萨"寄托了衷心的祝祷，声调也和穆中带有轻倩。然后是疑惑和猜想了：对方是蔷薇尚未抽芽的情窦未开呢，还是青梅已被叶遮的城府很深，抑或是幽兰自赏芳华的姿态太高？都不能坐实，只有一个谜继续猜下去，反正，如果这是一杯毒酒，也要慢慢地品尝；是一场幻梦，也要美美地私享。浓情蜜意不能一下子冷淡下来。于是,最后三句是小心翼翼的期望:"我望邮差加勤,/我望日脚加紧,/等到明天再等。"想法是天真的,祈愿是素朴的。心里有点急,有点无奈,但语调仍然透出笃定安详。这是温柔敦厚的东方式爱情,且有着胡兰成一再称颂的人心清简的民国气息。

新诗的境界,正值新荷出水时。

二　致敬徐志摩

  我是天空里的一片云,
  偶尔投影在你的波心——
    你不必讶异,
    更无须欢喜——
  在转瞬间消灭了踪影。

  你我相逢在黑夜的海上,
  你有你的,我有我的,方向;
    你记得也好,
    最好你忘掉,
  在这交会时互放的光亮!

无意的相逢,无言的分离,无限的惆怅,无奈的宽解,合成《偶然》这首意味隽永的小诗。诗中的我一再提醒你,不要把这偶然的相逢当一回事,其实我自己的内心里何尝不是顶把它当一回事?这语言表层的意思的洒脱,与真心的留恋不舍之间形成有趣的对照。

前一节以云在水上投影开始,以"消灭了踪影"作结,是先肯定后否定;后一节以船儿各有各的方向开始,以"互放的光亮"作结,是先否定后肯定。诗的重心还是落在这一点上:珍惜你我的缘分,因为短暂的爱可以偿付永恒的黑暗。

全诗两节对称,字数是九九五五九、十十五五十,韵脚是AABBA、CCDDC,结构工稳而别致,难怪卞之琳说"这首诗在作者诗中是在形式上最完美的一首"(《徐志摩诗集》序);语言上也很讲究,四个短行的用语很古典,如"你不必讶异,更无须欢喜",很有戏曲里念白的波俏口吻。而六个长行的造句又很欧化,像"你有你的,我有我的,方向"和"你记得也好,最好你忘掉,在这交会时互放的光亮!"两句,都是两个主语和谓语共用一个宾语,在传统中文里是没有这样的表达的,除非说成"公说公有,婆说婆有,理"。而且同样的句型,前一个"你有你的,我有我的,方向"是微缩在一行内,后一个"你记得也好,最好你忘掉,在这交会时互放的光亮!"则舒展在三行里,节奏上的此消彼长就形成了抑扬顿挫,自然得有如我们的呼吸。

大海上轮船在夜里相遇,会互相亮灯以示问候。这首小诗,非有海上的旅行经验是写不出来的。这也是只懂"缘分"的旧诗人写不了"偶然"的原因。此诗作于1926年5月,是徐志摩和陆小曼合写的剧本《卞昆冈》第五幕里老瞎子的唱词,但其中似乎寄寓着他与林徽因有缘无分的遗憾。从情调到格式,徐志摩的诗中这一路诗占了很大比例,给后来几十年间中国青年恋爱中的抒情表达以刻骨的影响。

但是，徐志摩实具两副笔墨。他的个人情感的抒发多似这种文艺腔，而他的社会性议论则喜欢用纯粹的口语甚至方言，功力深湛，而不使人觉。比如1925年的1月所写的《残诗》：

> 怨谁？怨谁？这不是青天里打雷？
> 关着，锁上；赶明儿瓷花砖上堆灰！
> 别瞧这白石台阶儿光滑，赶明儿，唉，
> 石缝里长草，石板上青青的全是莓！
> 那廊下的青玉缸里养着鱼，真凤尾，
> 可还有谁给换水，谁给捞草，谁给喂？
> 要不了三五天准翻着白肚鼓着眼，
> 不浮着死，也就让冰分儿压一个扁！
> 顶可怜是那几个红嘴绿毛的鹦哥，
> 让娘娘教得顶乖，会跟着洞箫唱歌，
> 真娇养惯，喂食一迟，就叫人名儿骂，
> 现在，您叫去！就剩空院子给您答话！……

1924年的11月，冯玉祥发动北京政变，把溥仪赶出紫禁城。两个月后，徐志摩写了这首《残诗》。这个"残"字，既指诗篇本身仿佛一部长诗的残片，也指废帝故宫的没落凋残。全诗用纯正的京白写成，口角爽利，气韵生动，而语含反讽，活脱脱展示了现代汉语的精神。

当年语言学家黎锦熙一读之下，拍案惊奇，赶紧写信给钱玄同，誉为新诗的空前之作，认为新诗照这个路子走下去，才有

"聿观厥成"的那一天。他说:"就内容意境而论,从元微之的《连昌宫词》到王湘绮的《圆明园词》,都不能及他的深刻精悍。"(《文史消闲录三编》)

的确,这篇《残诗》真可谓古典传统的创造性转生。从《诗经》以来,写铜驼荆棘之悲、故宫禾黍之感的怀古诗,简直车载斗量。黎锦熙提到的元稹《连昌宫词》和王闿运《圆明园词》,都是这一母题的名作,但这两个相距一千多年的文本,从意象到情绪都无甚分别:"舞榭欹倾基尚在,文窗窈窕纱犹绿。尘埋粉壁旧花钿,鸟啄风筝碎珠玉。"(《连昌宫词》),"宁知乱竹侵苔落,不见春风泣露开……金梯步步度莲花,绿窗处处留嬴黛。"(《圆明园词》)。没有新诗的制式改变,我们还会平平仄仄地一路写下去:"雷外莓苔生白石,劫余尘烬满丹墀。冰缸凤尾无人喂,空院鹦哥有谁知?……"

三 致敬朱湘

小船呀轻飘,
杨柳呀风里颠摇;
荷叶呀翠盖,
荷花呀人样娇娆。

日落,
微波,
金丝闪动过小河。
左行,

右撑，
莲舟上扬起歌声。

　　菡萏呀半开，
蜂蝶呀不许轻来，
　　绿水呀相伴，
清净呀不染尘埃。
　　溪间
　　　采莲，
水珠滑走过荷钱。
　　拍紧，
　　　拍轻，
桨声应答着歌声。

　　藕心呀丝长，
羞涩呀水底深藏：
　　不见呀蚕茧
丝多呀蛹裹中央？
　　溪头
　　　采藕，
女郎要采又夷犹。
　　波沉，
　　　波升，
波上抑扬着歌声。

莲蓬呀子多：
　　两岸呀榴树婆娑，
　　　喜鹊呀喧噪，
　　榴花呀落上新罗。
　　　　溪中
　　　　采莲，
　　耳鬓边晕着微红。
　　　　风定，
　　　　风生，
　　风飐荡漾着歌声。

　　升了呀月钩，
　　明了呀织女牵牛；
　　　薄雾呀拂水，
　　凉风呀飘去莲舟。
　　　　花芳
　　　　衣香，
　　消溶入一片苍茫；
　　　　时静，
　　　　时闻，
　　虚空里袅着歌音。

　　写于1925年的这首《采莲曲》，是中国新诗的奇葩。它的作者朱湘，也是中国新诗人中的奇葩。

奇葩一词，形容朱湘其人，正符合他智商高而情商低、不善与人相处而人亦不能与之处的为人和行事作风。朱湘过于孤傲而敏感，拿休谟说卢梭的话形容，这是一个将皮肤反穿在身上的人，于是，他短暂的生涯中充斥着无穷无尽的翻脸。他最后的自沉于长江，不能拿黑暗社会的压迫为他开释。他有严重的性格缺陷，是自己把自己逼到末路上的。

奇葩一词，形容朱湘其诗，那是用韩愈《进学解》"诗正而葩"的本意了。赵毅衡说得好："幸亏，朱湘几乎从来不把个人情绪放到他的写作中去，为我们挽救了一个唯美的诗人。"读朱湘留下的不多的诗文，其"文字之优美精致，情调之从容宁静"，令人印象深刻。比如他的这首《采莲曲》，就是一个采样。

此诗从辞藻、句式，到主题、意境，都有浓厚的古典诗词韵味，然而它却是一首新诗。别的不说，单看它的句式。虽然同样是以七字为主，可一般的七言诗都是以三字音结尾："荷叶/罗裙/一色裁，/芙蓉/向脸/两边开。/乱入/池中/看不见，/闻歌/始觉/有人来"（王昌龄《采莲曲》），接近于歌吟。新诗的特点是以两字音收束："荷花呀/人样/娇娆"，"消溶入/一片/苍茫"，接近于口诵。三字音结尾像"哼"，两字音收束像"说"，调子大不一样，我们可以拿这一点，大致区别开新诗和旧诗。

"莲"音近"怜"，等于现在说的"爱"，所以历来写到采莲的事儿，总是跟男欢女爱牵上些瓜葛，但字面上并不挑明，好像在打暗语，这首《采莲曲》就保留了这个传统。"蜂蝶呀不许轻来""藕心呀丝（思）长""莲蓬呀子多""明了呀织女牵牛"，这些都是双关语，表面上句句不离采莲，其实指的是求爱、相思、结婚生子,等等。诗人的笔下,花与人已经融成一体,写花就是写人,所以采莲的女郎的娇娆、清纯、羞涩等种种情态,借荷花一一写出,呈现为一个渐渐展开的过程。

这首诗的格律特别考究:每节各行字数均为5757227227,看上去像一只莲舟打起双桨缓缓经过,又像是水面荡起的阵阵波纹,可以说精工之至。每节都收在"歌声"二字上,末节悄悄变成了"歌音",因为照古人的说法,凡是响动的都是"声",但是只有和谐安排过的才叫"音"。"虚空里袅着歌音",以此作结,恰好有余音袅袅的效果。

我们现在奢言传统,而朱湘既深于传统,又超乎传统。这首《采莲曲》,简直是两千年来中国古典文学中采莲母题的终结也是终极之作。从南朝梁元帝《采莲赋》的"棹将移而藻挂,船欲动而萍开""泛柏舟而容与,歌采莲于江渚",到民初缪荃孙《采莲曲》的"采莲女,当门贴翠钿。夕阳潋滟红无边,花意娇如侬可怜。可怜侬,狎鸥鹭。百态生,凌波步"。朱湘毕其功于一役的写法更丰满,更细腻,更精确地呈现出外在景致、姿态和内心祈愿、踌躇等系列的流动,而兼得诗赋的秾华与民歌的清新。诗中的"呀"字,是从楚辞的"兮"里传下来的,可又多么妩媚动人!

我们现在又奢言西方,而朱湘是在大学时就能用英文写谨严的商籁体且大用特用希腊典故的天才。这首《采莲曲》更是借鉴了西方的诗体。中国古典诗的韵脚形式相对简单,从未见过这种aaxabbbddd的繁复安排。aaxa是遵守中国传统(第三行一般不押韵),bbbddd则是移植西方韵式,两者的结合,真是融洽无间,天衣无缝。朱湘还有一首与徐志摩《残诗》一样用西方的"英雄偶韵体"（heroic couplet）写成的讽刺诗杰作《猫诰》，韵律却比徐志摩严谨，而大有蒲伯（Alexander Pope）凝练而俏皮的隽永神韵：

> 须知强权是近代的精神，
> 谈揖让便不能适者生存。
> 孔子虽曾三月不知肉味，
> 佛虽言杀生于人道有悖，
> 但是西方的科学在最近，
> 证明了肉质富有维他命。

这些都足以证明，在新诗启碇之后，我们拥有一些多么优秀的诗人，从西方拿来了好东西，并且轻松地把它们变成自家的好东西。新诗从一开始就充满了可能性。

四　致敬闻一多

闻一多的诗集《死水》是 1928 年出版的，迟于 1925 年的《志摩的诗》和 1927 年的《草莽集》，可是，若论对中国新诗的影响，闻一多远比朱湘要大，也超过了徐志摩，这都是因为他的格律诗理论和实践。其间的关键，是他用二字或三字为主的"音尺"来代替旧诗的平仄作为基本要素，来达成"句的均齐"和"节的匀称"，然后根据每首诗不同的情思，"相体裁衣"地建构其形式。如果说从梵语领悟到汉语的四声是天才的发现，那么从英语察觉出汉语的音顿，又何尝不是对现代汉语及文学不可磨灭的历史贡献呢？

但闻一多在实际创作中，由于片面追求"音尺"的划一要匹配于字数的划一，造成一刀切的体式，给人诗律伤严而有韵无诗的负面印象。所以，我读《死水》，常起耳鸣心悸的幻觉，因为押韵太密集，声音太铿锵。反倒是读他1923年出版的第一个诗集《红烛》，每每有一种从容宁静之感，重现出另一种情感质地。比如说他的《忆菊（重阳节前一日作）》。

这首诗是为赞美祖国的花、赞美如花的祖国而作，后一半赞美菊花而贬损"热欲的蔷薇"和"微贱的紫萝兰"，流露出反弹性的"中华至上论"或"华夏中心主义"，一连串感叹号也未免损伤了抒情的雍容。而前一半却纯粹以画工精细地描绘出一幅幅静物，线条繁复，设色秾丽，真可谓"铺采摛文，体物写志"，接续的是楚辞汉赋的文脉。且看开头的两节：

> 插在长颈的虾青瓷的瓶里，
> 六方的水晶瓶里的菊花，
> 攒在紫藤仙姑篮里的菊花；
> 守着酒壶的菊花，
> 陪着螯盏的菊花；
> 未放，将放，半放，盛放的菊花。
>
> 镶着金边的绛色的鸡爪菊；
> 粉红色的碎瓣的绣球菊！

> 懒慵慵的江西腊哟；
> 倒挂着一饼蜂窠似的黄心，
> 仿佛是朵紫的向日葵呢。
> 长瓣抱心，密瓣平顶的菊花；
> 柔艳的尖瓣攒蕊的白菊
> 如同美人底蜷着的手爪，
> 拳心里攫着一撮儿金粟。

"虾青瓷""水晶瓶""紫藤仙姑篮"，这些繁夥的品物，未曾经眼、经手，是叫不出名目的，否则"虾青"解释成虾子壳那样的青色，就还是不明不白。动词也精确不移：瓶，故云"插"；篮，故云"攒"。酒壶寂寞，可谓"守"；而在持螯大嚼、把盏轰饮者的边上，只能叫着"陪"了。"未放，将放，半放，盛放"，仍然是一丝不乱的分寸感。第一节"青""紫"有了，接下来第二节便是"金""绛""粉红""黄"与"白"的合唱。但不是泼墨写意，而是用精密的文字赋形："长瓣抱心，密瓣平顶""倒挂着一饼蜂窠似的黄心""拳心里攫着一撮儿金粟"，状物之工切，画风之富艳，简直是宋人院体画的路数。

院体画是"赋"的手法，而文人画的手法为"比兴"。中国的诗后来与辞赋渐行渐远，即以"比兴"为主，以"神韵"为上，在状物造型方面不甚措意，就像文人画一样，逸笔草草，聊以寄意耳。比如下面这首张煌言的《忆菊》：

> 秋酣寒骨自亭亭，借问东篱夜醉醒？不为严威怜晚节，

正因雨色忆孤馨。全开丹面娇堪摘，半吐金心淡欲零。想象高人清影瘦，黄鞵道服倚围屏。

虽有"全开丹面""半吐金心"的刻划，但重心还在"寒骨""晚节""孤馨"的寄托上。宋元明清的咏菊诗，菊花也不过是作诗的一点由头，大家都奔高洁的精神去了。《红楼梦》螃蟹宴上的十二首菊花诗，算只有探春的《簪菊》《残菊》有几句写到菊花的形貌，夺魁的仍是林黛玉的"片言谁解诉秋心"。闻一多则不然：

> 檐前，阶下，篱畔，圃心底菊花：
> 霭霭的淡烟笼着的菊花，
> 丝丝的疏雨洗着的菊花，——
> 金底黄，玉底白，春酿底绿，秋山底紫，……
>
> 剪秋萝似的小红菊花儿；
> 从鹅绒到古铜色的黄菊；
> 带紫茎的微绿色的"真菊"
> 是些小小的玉管儿缀成的，
> 为的是好让小花神儿
> 夜里偷去当了笙儿吹着。
>
> 大似牡丹的菊王到底奢豪些，
> 他的枣红色的瓣儿，铠甲似的，
> 张张都装上银白的里子了；

> 星星似的小菊花蕾儿
> 还拥着褐色的萼被睡着觉呢。

画面由静止渐趋生动，拟花于人，仿佛在讲童话故事。这首近六十行的诗的一半，赛似开了一场菊展。诗人是在细数记忆中那些姚黄魏紫的名品，却难得如此真切细致。此诗落款是"1922年10月27日美国芝城"，闻一多在芝加哥做什么呢？在学美术。他先后念过的，是芝加哥美术学院和纽约艺术学院，1925年毕业回国，也是先去北京艺专任教。难怪他对线条、色彩和形体那么敏感。闻一多可谓王维所说的"宿世谬词客，前身合画师"。

《文心雕龙·诠赋》云："丽词雅义，符采相胜，如组织之品朱紫，画绘之著玄黄，文虽新而有质，色虽糅而有本，此立赋之大体也。"这首《忆菊》，总体上是"比"的手法，但撑起骨架又织出肌理的，是"赋"。它为我们展示了新诗可以拥有的另一种潜质，远绍楚汉的辞赋传统，以淋漓的刻画和精细的描摹见长，风格密实，而规模宏大。

五　致敬戴望舒

新月派对新诗的形式很有建设性，但在其严整的板块与铿锵的声音中，诗人们对世界与心灵那微妙的阴翳部分的感觉未免迟钝，这时候来了戴望舒的诗。阳刚之后，接以阴柔，戴望舒的诗仿佛一个魅人的尤物，很快赢得了读者的喜爱。我不是指他的成名作《雨巷》——施蛰存评他当年的好友的这首诗，说二十岁以前你可以喜欢，过了二十五岁还喜欢的话，那就有问题了——而是指他中期风格最成熟时候的作品，在自然的语调中缓缓吐露心声。虽是说话，却并非爽脆的口语，而是柔韧绵长的书面语。如《二月》的开头：

> 春天已在野菊的头上逡巡着了，
> 春天已在斑鸠的羽上逡巡着了，
> 春天已在青溪的藻上逡巡着了，
> 绿荫的林遂成为恋的众香国。

我们看到，戴望舒不避单音字，"头""羽""藻""林""恋"，这样便与双音节的口语在声音上区别开来，因为他追求书面语的雅致。意象也十分典丽甚至美艳，却又不像中国山水田园的风光，而仿佛异域情调，近似西书的插图里展示的自然风物。他一度沉湎于英国世纪末颓废诗人欧纳思特·道生（Enest Dowson, 1867—1900）的诗，与杜衡合作翻译过他的整本诗集，那种韶华易逝忧郁低徊的情调感染了他。——小说《飘》的那个伤逝的书名，本来也从道生的诗句"gone with the wind"里来。

但是很快，戴望舒弃绝了三流诗人的一味感伤，他追慕的对象转到了魏尔伦，然后是耶麦。与耶麦相近的淳朴、亲切、温煦，成为戴望舒大部分诗篇的质地。如他的《我的记忆》里所说的，"它底话是古旧的，老是讲着同样的故事，/它底音调是和谐的，老是唱着同样的曲子"。且看下面这首《深闭的园子》：

五月的园子
　　已花繁叶满了，
　　浓荫里却静无鸟喧。

　　小径已铺满苔藓，
　　而篱门的锁也锈了——
　　主人却在迢遥的太阳下。

　　在迢遥的太阳下，
　　也有璀灿的园林吗？

　　陌生人在篱边探首，
　　空想着天外的主人。

大有古人绝句的神韵，但诗情并不囿于"游园不值"式的空灵，它表面的纯净并不等于内涵的简单，这就是现代感性的复杂化和精微化。此诗似乎蕴藉着两重可能的意念：也许是企羡主人生活在别处，因为自己的园子不一定是自足的存在。也许是惋叹主人骑马找马，对自家满园的花叶不知爱惜。"天外的主人"好像另一首诗中的"乐园鸟"，无休无止地去追寻迢遥的太阳、璀灿的园林，"这是幸福的云游呢，还是永恒的苦役？"

启功尝有妙语："唐以前诗是长出来的，唐人诗是嚷出来的，宋人诗是想出来的，宋以后诗是仿出来的。"借用这个说法来读新诗，则郭沫若、徐志摩和闻一多的诗是嚷出来的，卞之琳、冯至和穆旦的诗是想出来的,而大家的诗或多或少总是仿出来的。有没有长出来的呢?有,但是很少。比如戴望舒,经历过《旧锦囊》的浪漫主义、《望舒草》的象征主义与后期象征主义,以及《眼》《我思想》《白蝴蝶》等诗章的超现实主义等好几个阶段,最后有了一个短暂的自由生长时期,那就是他最后一个诗集《灾难的岁月》中的《过旧居》《示长女》《萧红墓畔口占》等。诗人已然结束铅华,一无依傍,只是跟着感觉走,照着情绪写,不假雕饰而自能动人。我不是说这些诗句是多么精湛的艺术,只是认为它们非常难得:

> 这带露台,这扇窗,
> 后面有幸福在窥望,
> 还有几架书,两张床,
> 一瓶花……这已是天堂。
>
> 我没有忘记:这是家,
> 妻如玉,女儿如花,
> 清晨的呼唤和灯下的闲话,
> 想一想,会叫人发傻;

这些已经是口语了吧?是有韵的整齐字句了吧?但口语用得干净,韵律显得自然,都不像是有意为之。那是在战时,诗人坐过日本人的监牢,又遇着婚变,苦味在舌间,伤没有收口,诗人语调中的怅惘、恍惚,真令人痛心。我读到《示长女》里这样的句子,"如果人家窥见我们在灯下谈笑,/就会觉得单为了这也值得过一生",想到的是《日瓦戈医生》里拉拉的感叹:"如果时间倒流,如果在某个地方,世界的尽头,我们家窗口的灯奇迹般地亮了,照亮了帕沙书桌上的书,我大概爬也要爬到那儿去。"家常的幸福已经遥不可及,戴望舒式的娓娓的语调也成了绝响。

六 致敬卞之琳

　　二十世纪三十年代的诗人,开始与西方最新锐的作家同步了。戴望舒师法的是同时代的耶麦、洛尔迦、苏佩维埃尔,卞之琳学习的则是T. S. 艾略特、瓦雷里和奥登。后面这些诗人的抒情策略往往诡谲多端,甚至都不叫抒情,而是以冥思的方式寄寓深隐的情感,导致阅读行为也不再是一种平易舒畅的分享,而是难度很高的对于所谓晦涩的挑战。下面我们来看卞之琳的《尺八》:

　　　　像候鸟衔来了异方的种子,
　　　　三桅船载来了一枝尺八,
　　　　从夕阳里,从海西头。
　　　　长安丸载来的海西客
　　　　夜半听楼下醉汉的尺八,
　　　　想一个孤馆寄居的番客
　　　　听了雁声,动了乡愁,
　　　　得了慰藉于邻家的尺八,
　　　　次朝在长安市的繁华里

>   独访取一枝凄凉的竹管……
>   （为什么霓虹灯的万花间
>   还飘着一缕凄凉的古香？）
>   归去也，归去也，归去也——
>   像候鸟衔来了异方的种子，
>   三桅船载来了一枝尺八，
>   尺八乃成了三岛的花草。
>   （为什么霓虹灯的万花间
>   还飘着一缕凄凉的古香？）
>   归去也，归去也，归去也——
>   海西人想带回失去的悲哀吗？

这首诗不算多么晦涩，但也跟我们常见的抒发家国之情的诗篇大相径庭。卞之琳不是第一人称的兴发感慨，而是小说化、戏剧化地设置了一个人物，讲述了一个故事，借这个人物的故事曲折表现出情思来。

1935年，卞之琳到日本寓居半年，所以有了《尺八》的故事背景：一个现代的中国人到了日本（即诗中的"三岛"。常言日本"四岛"，但北海道开发很晚，不算），听见楼下有人在吹尺八（一种比箫短而比笛长的乐器，从中国传去日本，而后在本土失传），设想盛唐时一位阿倍仲麻吕式的人物，在长安的客舍里也听到邻家在吹尺八，第二天就到街市上寻找这乐器，并把它带回了日本，从此像种子一样发了芽开了花，所以今天才让自己听到了这隔世的音乐。

这枝尺八，就在历史的迂回里穿针引线，将相隔千年的两个人物联系在一起，也对立到一起。中国人到了日本，像在异域，又像回故乡，回到古昔的大唐。诗的主人公偏又是坐了"长安丸"的日本轮船去的。大唐长安曾经何等繁华，但今天的祖国却式微了。日本京都是照长安的样子建的，而今却欣欣向荣。中日的盛衰，整个儿掉了个个儿！原先属于一千多年前番客的凄凉，眼下换成了海西客的悲哀。盛衰对调，哀乐也互换了。于是，沸血的烧痛是乡愁的烧痛，诗人连声呼唤"不如归去"。

我们习惯了爱国情感的直抒，何尝见过《尺八》这种智性化的冷处理？但这就是现代诗，再深沉的历史感，再尖锐的现实感，都不会使诗人一泻无余地告白，他要用冷淬法，用一个中国套盒式的设计，把思想情感藏得更深，显现得更缠绕纠结，这样一来，诗的抒情也就更客观可靠，更具体可感，也更含蓄深远。

从语言上来说，《尺八》的风格真是混搭得好，欧化为主，文言为辅。开头三行，主干是第二行"三桅船载来了一枝尺八"，主谓宾俱全，而第一行和第三行是从句，作修饰之用。更谨严而又灵活的是接下来的七行——"长安丸载来的海西客/夜半听楼下醉汉的尺八，/想一个孤馆寄居的番客/听了雁声，动了乡愁，/得了慰藉于邻家的尺八，/次朝在长安市的繁华里/独访取一枝凄凉的竹管……"语法上只是一个复杂的长句：海西客（主语）……听……想……番客（兼语）……听了……动了……得了……访取……。诗人对句子的操控与驾驭能力，令人叹为观止。这一揽子表达要是搁今天的诗人手里，只怕是拎起来一大挂，放下去一大摊。别的不说，一个文言的"于"字就想不到。可是不用"于"

字，就只能写成"从邻家的尺八里得了慰藉"，整个句子的方向就偏转了，"听了""动了""得了"的递进之势就不复存在了。"听了""动了""得了"有什么好？好就好在"听""动""得"三个字的声母形成了头韵，让情绪忽然连续波动起来了。

至于用词，诗人也经过精心的择取。比如"从夕阳里，从海西头"两个修饰语，便不是随便用的，牵涉到中日两国间一段有名的公案。隋大业三年（607年）日本遣使，使者称隋炀帝为"海西菩萨天子"，国书曰"日出处天子至书日没处天子无恙"云云。隋炀帝览之不悦，谓鸿胪卿曰："蛮夷书有无礼者，勿复以闻。"寻常的诗语，其实是累积在历史深处的风尘。这首《尺八》，照卞之琳后来的一篇散文《尺八夜》中的说法，"设想一个中土人在三岛夜听尺八，而想到多少年前一个三岛客在长安市夜闻尺八而动乡思，像自鉴于历史的风尘满面的镜子"。我们读这首《尺八》，不也是重新照一面历史的镜子么？

七　致敬何其芳

比起特具现代感性的戴望舒和卞之琳，何其芳更富有抒情气质和浪漫气息。他总是耽溺于自己的梦想，1936年获《大公报》文艺奖金而使他一举成名的散文集，就叫《画梦录》。他心仪温婉柔靡的女性世界，是谓"异性情结"；又神驰迢遥旖旎的外国风情，是谓"异国情调"，两者构成其所"画"之"梦"的主要内容，使他自外于现实经验。但物极必反，他1938年去了延安，成为新天地里的新人。

在何其芳早期诗集《预言》的恍惚迷离中，下面这首《秋天》最显得浑成而圆润：

> 震落了清晨满披着的露珠，
> 伐木声丁丁地飘出幽谷。
> 放下饱食过稻香的镰刀，
> 用背篓来装竹篱间肥硕的瓜果。
> 秋天栖息在农家里。
>
> 向江面的冷雾撒下圆圆的网，
> 收起青鳊鱼似的乌桕叶的影子。
> 芦篷上满载着白霜，
> 轻轻摇着归泊的小桨。
> 秋天游戏在渔船上。
>
> 草野在蟋蟀声中更寥阔了。
> 溪水因枯涸见石更清洌了。
> 牛背上的笛声何处去了，
> 那满流着夏夜的香与热的笛孔？
> 秋天梦寐在牧羊女的眼里。

我曾经说过，"异性情结"和"异国情调"从气质上影响了何其芳的文体，使他的诗近于阴性的"词"和欧化的"译"。但这首《秋天》却不然。拟人化的秋天可以栖息，可以游戏，也可以做梦，诗思已经很巧。镰刀"饱食过稻香"，笛孔"满流着夏夜的香与热"，表达更新颖别致。诗人的感觉敏锐而丰富。每一句全都非常讲究视觉效果，设色鲜明，构图简洁，线条老练，如吴昌硕和齐白石的画。"向江面的冷雾撒下圆圆的网""收起青鳊鱼似的乌桕叶的影子"，都讲究形的清晰，影的精细。但强调视觉的同时，也倚重听觉，如丁丁的伐木声、蟋蟀声、笛声，贯穿了三个诗节。连嗅觉也渗透进来，如稻香和瓜果的清香。而每一节都似乎不经意地各用上一个"满"字，"满披着""满载着""满流着"，使诗中意象愈发显得饱满。加上肥硕的瓜果、圆圆的网，真正写活了秋天的圆满结实。对于喜欢削减具体要素、思想空灵得并不归落于实地的何其芳来说，这种"实"和"满"的笔法并不常见。

与外文系出身的戴望舒、卞之琳相比，何其芳援引的资源更多出自古典。从句法上看，他的诗基本上一行就是一句，很少跨行，而跨行是典型的西化的标志。唯一的倒装是"牛背上的笛声何处去了，那满流着夏夜的香与热的笛孔？"但比起我们讨论过的闻一多和卞之琳的欧化长句，毕竟简单。从意象上看，这首诗也有深远的古典背景。比如，"伐木声丁丁地飘出幽谷"，"丁丁"（zhēng zhēng）即来自杜甫的《题张氏隐居》："春山无伴独相求，伐木丁丁山更幽"。更突出的是"牛背上的笛声"。

放牛郎牛背吹笛的意象，宋代以来即在诗中常见，而成了田园雅趣的标准符号。宋人诗中，有邵雍的《牧童》："数声牛背笛，一曲陇头歌。"方岳的《祷晴》："及今便可归田去，牛背斜阳一笛横。"释道枢的《颂古》："垂垂杨柳暗溪头，不问东西却自由。几度醉眠牛背上，数声横笛一轮秋。"直到清初，依旧有尤侗《西江月》的"今来古往夕阳红,牛背笛声三弄"。但是何其芳的高明之处在于,他用"那满流着夏夜的香与热的笛孔"这种现代感性,救起来了一个俗套的表达。

八　致敬艾青

艾青的诗,现在大家读得少,也谈得少。外因是时代精神的转变,内因则是他自己的语言表达存在的问题。他的诗句,像"圆圆的——燃烧着的/orange/orange是我心的比喻",真是幼稚得可以,而"我摸着新换上的衣服上的丝的和贝壳的纽扣",也拗口得很。高行健怀疑这与艾青居留法国三年有关,因为法语的"de"字也是很多的。其实在我看来,艾青是吃了他自己的亏,他坚持诗要有散文美,所以他索性既不凝练,也不含蓄,总是说一不二,而非以一当十,所以最少潜台词,最不留空白,也最欠缺给读者以智性方面的满足。

艾青说:"目前中国新诗的主流,是以自由的、朴素的语言,加上明显的节奏和大致相近的脚韵作为形式。"在他所理想的自由和朴素还不那么失控的情况下,艾青写出了他最能持久的作品,这便是1942年文化生活出版社印行的《北方》。在这个薄薄的诗集中,艾青充分体现了他对"丰富的现实的紧密而深刻的观照"。艾青本来是学绘画的,所以他戏称自己"母鸡下了鸭蛋",但即使在《北方》中,我们也能领略到他的绘画艺术修养。几个短篇的静物写生和人物素描,说明他善于勾勒("乞丐用固执的眼/凝视着你/看你在吃任何食物/和你用指甲剔牙齿的样子");而几幅长卷里，他又善于渲染。人物焦点集中，质感丰富的整个背景更令人难忘。甚至这已不是背景，它本身就成了诗的主题。如下面这首《手推车》，写于1938年初，属于艾青少有的完美之作：

在黄河流过的地域
在无数的枯干了的河底
手推车
以唯一的轮子
发出使阴暗的天穹痉挛的尖音
穿过寒冷与静寂
从这一个山脚
到那一个山脚
彻响着
北国人民的悲哀

在冰雪凝冻的日子
在贫穷的小村与小村之间
手推车
以单独的轮子
刻画在灰黄土层上的深深的辙迹
穿过广阔与荒漠
从这一条路
到那一条路
交织着

北国人民的悲哀

这首诗,语法上只是两个句子,单纯而又复杂,朴素而又精密,可谓增之一字则长,减之一字则短。"尖音"故"彻响",诉诸听觉;"辙迹"故"交织",诉诸视觉,而上下两节如双联画一样形成对仗,形式感极强。关键的是,整首诗视野无限开阔,而焦点无比集中。"北国"何其大,"黄河"何其长,而"手推车"何其小,小大悬殊的对比,令人震撼。北国的山河、道路、村落,构成了质感突出的背景,而通过画面的重复,诗人让一种沉重的基调贯穿了全诗。"地域""天穹""山脚""冰雪""道路",这些基本的意象,结合了"悲哀""寒冷""静寂""广阔"等重量级形容词,仿佛天然的、粗拙的石块,只略事安排,而不加雕饰,创造出一种素朴而悲壮的美。

艾青最好的诗就是如此,比如同是写于1938年的《我爱这土地》:

假如我是一只鸟
我也应该用嘶哑的喉咙歌唱:
这被暴风雨所打击着的土地,
这永远汹涌着我们的悲愤的河流,
这无止息地吹刮着的激怒的风,
和那来自林间的无比温柔的黎明……
——然后我死了,
连羽毛也腐烂在土地里面。

为什么我的眼里常含泪水？
因为我对这土地爱得深沉……

最后两行是名句，直抒胸臆，感人肺腑，证明好诗有时也可以不假比兴而纯用直言其事的赋的手法。但是，这两行之所以成功，正因为有前八行的铺垫。八行里，一连排比好几个长句，形成了激越的情绪上的准备，指向一个高潮。总之，如果不是前八行盘马弯弓，蓄势已满，后两行不可能一举中的。

九　致敬冯至

冯至二十世纪二十年代就登上文坛，1923年写的小说《蝉与晚祷》就被鲁迅称之为"幽婉的名篇"。鲁迅的话是1935年说的，他给冯至冠名为"后来是中国最杰出的抒情诗人"，还是早了点。冯至最成熟的诗集《十四行集》要等到1942年才出版，那是"后来"的"后来"了。

《十四行集》只有二十七首十四行诗，但其呈现的空间足够广大，平原、山川、道路、河流、岛屿、城市，是一个无穷无尽敞开的世界，而沉思的诗人置身其间，"观察遍世上的真实，体味尽人与物的悲欢"，"发现许多物体的灵魂，见到许多物体的姿态"。不用说，这是里尔克的姿态。冯至从里尔克那里学习到的观物与入思方式，已经有别于中国古典的静观默想，是透过现象以追求本质并获取意义的西方形而上学的思考。好在冯至的玄学止步于存在主义的人我关系与物我关系，并不抽象晦涩。

从艺术上来看,《十四行集》中也有很多精圆之作。这是第一首:

> 我们准备着深深地领受
> 那些意想不到的奇迹,
> 在漫长的岁月里忽然有
> 彗星的出现,狂风乍起;
>
> 我们的生命在这一瞬间,
> 仿佛在第一次的拥抱里
> 过去的悲欢忽然在眼前
> 凝结成屹然不动的形体。
>
> 我们赞颂那些小昆虫,
> 它们经过了一次交媾
> 或是抵御了一次危险,
>
> 便结束它们美妙的一生。
> 我们整个的生命在承受
> 狂风乍起,彗星的出现。

大凡诗集中的第一首诗,都有点钱锺书说《锦瑟》诗的"略比自序之开宗明义"的意味。这首诗也承担了为整个《十四行集》提点作意、总括主旨的作用。"我们准备着深深地领受/那些意想不到的奇迹",这个长长的深呼吸的祈使句,就作者而言,是灵感之吁求;就读者而言,是阅读之期待。两者都预告了接下来将承受一场"奇迹"带来的灵魂的激荡。

"奇迹"何指?"在漫长的岁月里忽然有/彗星的出现,狂风乍起"。具体来说,就是接下来的篇什,是多少个日子里的烦闷无聊之后忽然的高峰体验,是灵感枯竭之后刹那间福至心灵的诗神恩赐。一生只为这一天:彗星出现,狂风乍起,它刷新了我们平凡的生活,让我们重新陌生化,仿佛与对方初相见,与自己新相知(我们的生命在这一瞬间,/仿佛在第一次的拥抱里)。我们若有所悟,也记起了我们的来时路:

> 过去的悲欢忽然在眼前
> 凝结成屹然不动的形体。

《十四行集》最后一首中,诗人说自己这些诗的功能,有如瓶子给"泛滥无形的水"以定型,有如旗子给"把不住的事体"以把握。让过去的悲欢凝结成不动的形体,让往日的旧梦化作陨石一片,这都是里尔克的内敛式的诗思,且有着里尔克从罗丹那里获得的坚实的雕塑感。

二十世纪三四十年代学院派诗人,喜欢以科学入诗,如卞之琳的天文学和地质学意象就是显例。冯至赞颂的小昆虫经过了一次交媾或抵御了一次危险便死亡,也是生物学的新鲜的经验。经过交媾,是爱;抵御危险,是恨;爱与恨的高峰体验之后,是死。爱与恨与死,都是生命中的彗星与狂风。平庸生活的死水顿起波澜，黯淡无光的一生绽放出最后的华彩。生命之意义即在此。诗的最后两行，重复了开头，而又有微妙的改变：

> 我们整个的生命在承受
> 狂风乍起，彗星的出现。

"领受"变成了"承受"，意义有什么不同？应该说，"领受"是被动的接纳，"承受"是主动的担当。前者是拜赐于上天的恩惠，后者是一无依傍下的挺身而出。"奇迹"不复出现，现在只有脱落了浪漫的平常心。所以，一首一尾的语句看似一致，其实已然不同。开头的"彗星的出现，狂风乍起"，结尾的"狂风乍起，彗星的出现"，语序的颠倒，当然有受限于韵律的因素，但在形式上有一个奇妙的反转。结构上呈圆形，却反接成艾舍尔画中的悖论。

这首诗的韵脚依次为 ABAB CDCD EFG EFG，是标准的意大利变体十四行诗。格律固然严谨，整首诗读起来却给人行云流水、一气贯注之感。我们可从此中，去细细体会格律诗的好处，以及西方诗的形式给予中国新诗的建设性。

十　致敬穆旦

我曾对穆旦的诗借鉴西方现代诗人的比重过大而深致不满，如今，我基本保留从前的判断，但也渐渐意识到，穆旦自有他的强度和复杂性，也的确给中国新诗带来某种新的活力。在最好的时候，他写出的诗篇是无可替代的。

穆旦的早期作品，往往表现深刻而语言纠结，极富现代感性，下面这首《春》就是一个例证：

> 绿色的火焰在草上摇曳
> 他渴求着拥抱你，花朵。
> 反抗着土地，花朵伸出来，
> 当暖风吹来烦恼，或者欢乐。
> 如果你是醒了，推开窗子，
> 看这满园的欲望多么美丽。
>
> 蓝天下，为永远的谜迷惑着的
> 是我们二十岁的紧闭的肉体，
> 一如那泥土做成的鸟的歌，
> 你们被点燃，却无处归依。
> 呵，光，影，声，色，都已经赤裸，
> 痛苦着，等待伸入新的组合。

此诗写于1942年2月，当月，穆旦从西南联大外文系助教任上投笔从戎参加印缅远征军。三个月后，这首诗发表在《贵州日报》上，三年后，收入《穆旦诗集1939—1945》中，修改为以上的版本。诗的主旨，就是用自然的春来喻示人生的春，写出年青的生命的痛苦。

第一节写自然之春。"绿色的火焰在草上摇曳"，意象惊人，隐隐有导火线的联想。我不知道穆旦有没有读到迪伦·托马斯（Dylan Thomas）1934年出版《十八首诗》中最有名的一首：

通过绿色导火索催动花朵的力量
也催动我青葱的岁月；

The force that through the green fuse drives the flower
Drives my green age;

这首诗是托马斯十九岁时候写的名句。他用"导火索"（fuse）替代了茎干，又用"驱动"（drive）传递出一种动能，让静态的花开宛若爆炸。穆旦的诗写于二十四岁，当时在联大的茅舍里王佐良所称的"从国外刚运来的珍宝似的新书"，不知道有没有这一本？有的话穆旦就一定读过，读过就不会忘记托马斯惊人的意象，但穆旦的表达似乎更浑成，不那么刻意求奇，可效果却一样：草像要爆破，花像要反抗，花草满园，争相苗长，显示出多么美丽的生命的欲望。以抽象的"欲望"比喻具体的"花""草"，这种反向的比喻手法是现代诗的惯技。而从思想史的角度来看，对"烦恼"与"欲望"的贬责，充斥着儒、道、佛的语录中，何尝有"美丽"可言？所以，"看这满园的欲望多么美丽"纯然是西方的、现代的观念。

第二节转入人的青春。"二十岁的紧闭的肉体"被"永远的谜迷惑着"，所谓"紧闭"，是指受种种理智、礼法所压抑，也就是被欲望、罪恶、烦恼应破除的种种古老的信条所规训，而"永远的谜"指的则是生命本能的需要、性/爱的需要。接下去一句"那泥土做成的鸟的歌"则费解一些,大致来看,泥土指人的身体,鸟歌指飞翔的欲望。最后所谓"光,影,声,色,都已经赤裸,/痛苦着,等待伸入新的组合",就是期待着性/爱的实现,因为性/爱就意味着"新的组合"。

郑敏说:"穆旦的诗,或不如说穆旦的精神世界是建立在矛盾的张力上,没有得到解决的和谐的情况上。"这首《春》中,"紧闭的肉体"与"推开窗子","泥土"的肉身之沉重与鸟的轻盈、歌的飘扬之间,都存在反向的力量,张力十足。

从形式上看,这首《春》也是穆旦最完整无瑕的诗。前后两节的韵式,均为XAYABB(朵、乐;子、丽。体、依;裸、合),押的都是近似韵,避免了过于熟络,保持了诗思所要求的生涩。至于句法,多用倒装句和待续句,欧化程度很高,但复杂而灵活。

唯一可议的地方,也许是人称的使用多少有点乱。上一节中,"他渴求着拥抱你","你"是花朵,也是情人;"他"是植物绿色的茎管,也就是主体分化的"我",是诗人客观化的反观诸身。上一节的人称的故弄狡黠,是好的。下一节先是"我们二十岁的紧闭的肉体",后是"你们被点燃,却无处归依",难道"你们"不是"我们"么?是,那就没有必要把第一人称改成第二人称了,徒乱人意耳。

十一 致敬辛笛

我们的向百年新诗致敬系列的最后一篇,就以写《手掌集》

的辛笛来结束。先来读辛笛的名作《航》：

帆起了
帆向落日的去处
明净与古老
风帆吻着暗色的水
有如黑蝶与白蝶

明月照在当头
青色的蛇
弄着银色的明珠
桅上的人语
风吹过来
水手问起雨和星辰

从日到夜
从夜到日
我们航不出这圆圈
后一个圆
前一个圆
一个永恒
而无涯涘的圆圈

将生命的茫茫

脱卸与茫茫的烟水

辛笛曾经说过:"诗歌既是属于形象思维的产物,首先就必须从意境(现代化的说法就是指印象、意象等)出发。善于捕捉印象是写诗必不可少的要素。"他的这首《航》,便是一幅绝妙的印象派小品,它充分利用了绘画的手法,在色彩、光影、线条几方面刻意经营。黑蝶与白蝶、青蛇与银珠,色彩对比鲜明;明净的帆、暗色的水、落日、明月,光影变化丰富;蝶、蛇、一个圆圈又一个圆圈,线条何其省净。四个诗节,第一节五行,第二节六行,第三节七行,第四节是点睛的两行,造型也有着巧妙的平衡。总之,此诗的视觉效果极为突出,读来令人为之眼明。

这首《航》写于1934年,是辛笛的成名作,他日后的写作上几个明显的特色都包含在其中了。

一、不用标点。今天的诗人往往不用标点,被视为先锋的标志,好像还是从港台诗人那里学过来的,但辛笛在新诗成立不到二十年就已经这么做了,那时候新式标点启用也只有十五年光景。但转念一想,古诗本来就没有标点符号,所以辛笛的做法,既超前又复古,或者说,以复古来超前。

二、模糊句法。随不用标点而来的,是模糊了诗句的语法关系。比如首节的"帆"字,第一行中用作名词,第二行便是动词了,而"明净与古老"这个独立成分,单起一行,插在中间,是说明,是评点,还是感叹?也许都是。这就是省略语法关系所带来的语义的模棱,表达的省净反而造成了内涵的丰富。

三、对比构图。现代诗与现代画也是诗画相通,所以诗人常常利用光影、色彩、线条的对比,来造成有冲击力的视觉效应。辛笛喜欢这种对比,比如他的《呼唤》一诗中,"乌青的寥廓里,/更有橙黄的月",有"一室/红炉的温梦",又有"一匹黑猫的呼唤"。在二十世纪三十年代的中国诗人中,算是现代艺术的先声。

辛笛写诗不多,但风格鲜明,句子较少欧化,有口语的干净和文言的简洁。他是富家子,人称孟尝君,生活优裕,但绝没有丧失现实感。我们现在只记得北岛的《回答》,殊不知辛笛二十世纪四十年代也写过一首《回答》:

> 我有一分气力总还是要嚷要思想
> 向每一个天真的人说狐狸说豺狼

闻一多先生被刺后,辛笛有小诗《"逻辑"》追悼,堪称名篇:

> 对有武器的人说
> 放下你的武器学做良民
> 因为我要和平
>
> 对有思想的人说
> 丢掉你的思想像倒垃圾
> 否则我有武器……

在我看来,辛笛最强有力的诗,是1948年夏在沪杭道上所写的《风景》:

列车轧在中国的肋骨上
一节接着一节社会问题
比邻而居的是茅屋和田野间的坟
生活距离终点这样近
夏天的土地绿得丰饶自然
兵士的新装黄得旧褪凄惨
惯爱想一路来行过的地方
说不出生疏却是一般的黯淡
瘦的耕牛和更瘦的人
都是病,不是风景!

"列车轧在中国的肋骨上/一节接着一节社会问题",写实如此,令人震撼。这类暴露社会病态的诗,写来往往容易流于粗陋。但这首《风景》意象十分统一,组织相当严密。全诗扣紧"生""老""病""死"来写,而突出一个"病"字。"比邻而居的是茅屋和田野间的坟",所以说"生活距离终点这样近",也即"生""死"相邻,"生"得"凄惨""黯淡"就等于"死",就是"病"。因为"都是病,不是风景",所以一开始就突出了"一节""一节""肋骨"的意象,结尾又再次强调两个"瘦"字,照应得很紧。

此诗感情内敛,用很客观的调子写深重的痛苦、丛生的病象。从上海到杭州历来是中国最富庶的地区,但1948年是解放战争最酷烈的年头。杜甫诗云"已诉征求贫到骨,正思戎马泪盈巾",可以说是古今同慨吧。

后　记

本书初版于 2005 年，当时我曾经在《后记》中，就本书的写法略述如下：

关于中国现代诗人所接受的西方影响，多年来已经出现了大量的研究成果。比如说，徐志摩与英国浪漫主义，戴望舒与法国象征主义，冯至与德国存在主义，其间的联系业已经过多方面的探讨，可供抉发的余地委实不多了。于是，我唯一可取的工作方法，就是详人之所略，而略人之所详。作为一个整体，我不能忽略本书论列的诗人中的任何一位，但是全面地描述每一位诗人身上的外来影响，又确无必要。所以，我只能走偏锋，一个对象选取一个侧面来加以讨论。比如说，既然徐志摩诗中汲取的哈代的营养已经有学者讲得那么细致，我何必还要再去唠叨几句，以求面面俱到呢？所以，这本书虽然有一个通盘的思考，仍然是以个案分析为基本特征。每一篇涉及的重点容或不同，有的是观念，有的是技巧，也有的是形式，但是都没有偏离一个主题，即在比较的视野里对中国现代诗人进行一番透析，通过研究他们对西方诗歌的阅读与翻译、吸收与转化，以展现中西诗学融会的微妙情状和曲折过程，厘清两者之间复杂的亲缘关系。因为，比较文学已经成为一种世界观，而非仅仅是一个学科，一种方法，在中国现代文学的研究领域，尤其如此。如果不从中西比较的角度加以考察，往往无法完整地说明一位作家或一部作品的意义。

不求在大范围里全面的工作，只求在小范围内工作得全面，我的想法决定了我的写法，这书事实上也成了一本专题论文集。其中，论穆旦与奥登的一篇，在学界和诗界都引起了不小的反响，对我的观点大不以为然的所在多有，可是对我的论据却没有谁认真的提出反驳，我至今仍坚持我的基本判断，尽管对穆旦作为现代诗人的强度和复杂性也有了更清醒的意识。论闻一多与吉卜林的一篇，有幸被收入《文学评论》的六十年纪念文选。看见自己忝列于比较文学卷的十位作者之末，而这些作者又尽是卞之琳、钱锺书、罗大冈、杨周翰这些素所景仰的大师，我不胜愧怍与惊悚。照前面的那段话说，我算不上一个比较文学的学者，只是有一点比较文学的视野而已。

本书在 2009 年由台北的人间出版社出过一个繁体字版，易名为《中西诗学的汇通》。今天，我感谢安徽教育出版社将我有关新诗研究的新著与旧作一并印行。借本书重印之机，我订正了个别错误，修改了少量文字，并用一篇向百年新诗致敬的长文替换了原来的两篇附录，作为对新诗诞生一百周年的小小纪念。

江弱水

2020 年夏于良渚